EL ADOLESCENTE SOCIAL

DOMINA LAS HABILIDADES DE CONVERSACIÓN, SUPERA LA TIMIDEZ, CULTIVA AMISTADES DURADERAS Y PROSPERA EN SITUACIONES SOCIALES

MARNIE DAVID

PAQUETE DE RESCATE PARA LA ANSIEDAD SOCIAL

THE CONFIDENT TEEN

El adolescente seguro de sí mismo

Descarga GRATIS nuestro paquete de rescate para la ansiedad social en adolescentes. Consigue 100 consejos prácticos para potenciar tu confianza, mejorar las conversaciones, cultivar amistades, superar conversaciones difíciles y reforzar la autoconciencia.

INTRODUCCIÓN

Imagínate lo siguiente: es tu primer día de clases en un instituto nuevo. Estás de pie en la entrada, agarrando con fuerza las correas de tu mochila, intentando reunir el valor necesario para atravesar los bulliciosos pasillos.

Tu corazón late tan fuerte que puedes oírlo en tus oídos. El clamor de la escuela es como una ola que se abalanza sobre ti, pero te sientes completamente solo. Buscas entre la multitud con la esperanza de encontrar alguna cara conocida, pero todo el mundo parece estar en su propio mundo. Las risas y el parloteo a tu alrededor suenan distantes, y no puedes evitar sentirte como un extraño mirándolo todo desde afuera.

Por fin respiras hondo y entras, pero a cada paso, tu mente se llena de preocupaciones. "*¿Y si nadie me habla? ¿Y si digo alguna estupidez?*". Estos pensamientos se arremolinan en tu cabeza, creando una tormenta de ansiedad. Buscas un sitio al fondo de la clase, esperando pasar desapercibido entre los demás. Cuando el profesor empieza a pasar lista, ensayas mentalmente tu nombre, rezando para no tartamudear.

No se trata solo del nerviosismo del primer día, sino de vivir con ansiedad social. Para millones de adolescentes, situaciones como esta son una realidad cotidiana, un reto al que se enfrentan en silencio. Si te encuentras lidiando a diario con este tipo de situaciones, debes saber que no estás solo. Este libro está aquí para ti, ofreciéndote apoyo y comprensión para navegar y afrontar esos retos con confianza.

La vida de un adolescente con ansiedad social

Admitámoslo: ser adolescente no es un paseo por el parque. Es más bien un paseo por un laberinto en el que cada giro puede parecer un nuevo reto. Enfrentarse a la ansiedad social en la adolescencia añade otra capa a este desafío. Y es mucho más que tener nervios antes de una presentación; es como si constantemente llevaras unos lentes de "*qué pasaría si...*" y todo lo que vieras fueran los peores escenarios. He pasado por eso y sé exactamente cómo te sientes.

Quieres hablar con alguien, pero tu cerebro pisa el freno con un "*¿Y si no le gusto?*". Piensas en unirte a un grupo, y ahí está de nuevo esa voz: "*¿Y si actúo con torpeza o empiezo a sonrojarme?*". Es agotador, ¿verdad? Y no se trata solo de miedo; se trata de sentir que siempre estás fuera, mirando hacia dentro y tratando de entender la clave secreta que todo el mundo parece conocer.

¿Intentar hacer amigos? Es como intentar montar en bicicleta sin un pedal. Ves cómo otros se desenvuelven sin esfuerzo en las interacciones sociales y no puedes evitar preguntarte: "*¿Cómo hacen para que parezca tan fácil?*". Es como si hubiera un muro invisible entre tú y el resto del mundo; por mucho que pedalees, parece que no puedes atravesarlo.

Esa es la lucha diaria de los adolescentes que se enfrentan a la ansiedad social. No es solo una fase o algo que puedas quitarte de encima con un discurso motivador. Es un verdadero desafío, pero la buena noticia es que no es el final de la historia, ni mucho menos.

Estadísticas que deberías conocer

Hablemos de cifras reales. ¿Sabías que unos 15 millones de adultos en los Estados Unidos padecen ansiedad social? Y la mayoría de ellos empezaron a sentir ese nerviosismo en la adolescencia. Piénsalo: eso es como toda la población de Los Ángeles y Nueva York juntas, todos lidiando con la ansiedad social; impresionante, ¿verdad?

Y no se trata solo de sentirse tímido o nervioso. Según algunos expertos que han investigado en profundidad, el 70% de los adolescentes afirman que la ansiedad y la depresión son problemas importantes entre sus pares. Es decir, más de dos tercios de la población adolescente reconoce que la salud mental es un problema importante.

Hablemos ahora de nuestros teléfonos. Claro, son geniales para TikTok y mantenerse al día con los amigos, pero el 50% de los adolescentes se sienten adictos a sus teléfonos inteligentes (irónico, ¿no?). Estos aparatos diseñados para conectarnos, muchas veces nos hacen sentir más aislados que nunca.

Si crees que estás librando estas batallas en solitario, estas estadísticas están aquí para decirte que tienes todo un ejército de personas en el mismo barco. Por eso es tan importante encontrar formas de afrontar estos desafíos.

¿Qué te ha traído hasta aquí?

¿Por qué has elegido este libro? Puede ser que estés cansado de sentirte un personaje secundario en la historia de tu vida. A lo mejor eres un padre que ve cómo su hijo se esfuerza por hacer amigos y desea poder hacer algo al respecto. Puede que un día te levantaras y pensaras: "*Ya basta. Quiero participar en las conversaciones, no solo escucharlas*". O quizás simplemente sientas curiosidad por saber cómo subir de nivel en tu juego social.

Sea cual sea el motivo que te ha llevado a leer este libro, algo ha hecho clic en tu cerebro. Ese momento en el que pensaste: "*Tengo que cambiar esto*", te ha traído hasta aquí. Estás buscando un manual realista para navegar por el salvaje mundo de la vida social de los adolescentes, ¿y adivina qué? Tu búsqueda ha terminado aquí.

La fórmula SOCIAL

Este libro será tu caja de herramientas personal para enfrentarte a todas las dificultades sociales que te plantee la vida. La fórmula **SOCIAL** es una fórmula que repasaremos capítulo a capítulo para ayudarte a perfeccionar estas habilidades. Veamos cómo se compone:

- **S**er consciente de uno mismo, se trata de conocerte a ti mismo, tus puntos fuertes, tus peculiaridades y tus áreas de crecimiento personal.
- La superación de **O**bstáculos, es la forma en que te enfrentas a barreras como la timidez o el sentimiento de inadecuación.

- Elaborar **C**onversaciones confiadas, es el arte de iniciar y mantener conversaciones, dejando a la gente impresionada con tus habilidades.
- **I**niciar conversaciones, implica dar el primer paso para superar tus miedos y presentarte a los demás.
- Cultivar **A**mistades auténticas, dará lugar a conexiones reales y duraderas.
- **L**ograr adquirir las habilidades necesarias para la vida, te ayudará a adaptarte y prosperar en cualquier situación social.

Muy bien, hablemos de las ventajas. Al sumergirte en este libro, te estarás apuntando a unos beneficios increíbles. En primer lugar, ganarás confianza en ti mismo. Estamos hablando de un gran impulso en la forma en que te ves a ti mismo. Entrarás en las salas con un nuevo aire, listo para relacionarte como un profesional.

¿Quieres mejorar tu conversación? ¿Quién no quiere eso? Te convertirás en un mago del diálogo, sabrás qué decir y cómo decirlo. ¡Se acabaron los silencios incómodos!

Cultivar amistades auténticas es una parte importante de nuestro viaje. En este paso no se trata solo de hacer amistades, sino de forjar esas amistades duraderas en las que compartes memes a las 2 de la mañana y se cubren las espaldas mutuamente.

¿Te enfrentas a desafíos sociales? Aprenderás a abordarlos como un auténtico jefe. Tanto si no estás de acuerdo con un amigo como si te sientes fuera de lugar en una fiesta, tendrás las herramientas para afrontarlo.

Y no olvidemos el crecimiento personal y el autodescubrimiento. Llegarás a conocerte a un nivel completamente nuevo: tus peculiaridades, tus mejores rasgos y todo lo demás.

Por último, aprenderás a dominar las situaciones sociales. Te desenvolverás en proyectos de grupo, reuniones con amigos y encuentros familiares, y los disfrutarás.

Entonces, ¡prepárate para pasar de página y mejorar tu vida social!

Estudio de casos reales

Permíteme empezar contándote sobre Maya, quien pasó de "no puedo ni saludar a alguien en el pasillo" a presidenta de la clase con un fantástico grupo de amigos. Maya dice que el método SOCIAL fue su fórmula secreta. Luego está Leo, que utilizó estas estrategias para entrar finalmente en el equipo de fútbol y hacer un montón de amigos nuevos. Él jura que no podría haberlo hecho sin este libro. Y no nos olvidemos de Emma, que ha superado su miedo a hablar en clase; actualmente participa de presentaciones y debates como una campeona. Estos adolescentes están logrando cambios reales utilizando el poder del método SOCIAL.

Imagina que entras en una habitación y te sientes totalmente dueño de ella. Tienes una vibración magnética que atrae a la gente. Estás dominando las conversaciones, estableciendo conexiones genuinas por todas partes: esa es la transformación que te espera. Imagínate que ya no estás al margen, sino en el centro de cada círculo social, con amistades reales y profundas. No te limitas a superar situaciones sociales, sino que brillas en ellas, irradiando confianza. No se trata solo de sobrevivir a la escuela secundaria; se trata de prosperar en la vida. Ese es el tipo de cambio del que estamos hablando: un cambio social total, por dentro y por fuera.

Mi historia

Decidí escribir este libro porque he estado en tu lugar y comprendo íntimamente tu lucha. Cuando era adolescente, las situaciones sociales eran mi peor pesadilla. Yo era la que encontraba cualquier excusa para evitar hablar en clase o estar en un grupo grande. Se me aceleraba el corazón y me sudaban las palmas de las manos en casi todas las situaciones sociales. Interrumpía accidentalmente a los demás durante las conversaciones, me sonrojaba cuando el centro de atención estaba sobre mí y repetía mentalmente las metidas de pata de todas las conversaciones una vez terminadas. Era agotador y debilitante. Pero no me quedé estancada; seguí adelante, aprendí mucho y conseguí salir del otro lado, ya no como una persona incómoda, sino como una persona incómoda en recuperación.

Llevo años comprendiendo lo que funciona y lo que no funciona en el ámbito de las habilidades sociales. Como profesora, durante casi 20 años, he trabajado con cientos de estudiantes, he conversado con expertos y, lo que es más importante, he experimentado estas estrategias personalmente. Pasé de ser una chica tímida a ser alguien a quien le apasiona el desafío de las interacciones sociales.

Lo llamo desafío porque las interacciones sociales cotidianas pueden seguir siendo un obstáculo para mí. Todavía me avergüenzo y me ruborizo cuando estoy con determinados grupos de personas. Sigo repasando en mi mente las interacciones sociales y me preocupa haber dicho algo equivocado.

Sin embargo, cuando me doy cuenta de que esto ocurre, saco mi caja de herramientas de habilidades para ayudarme a superar estas situaciones difíciles. Es como enfrentarme a un nivel difícil de un videojuego. Le contesto a esa voz negativa que tengo en la cabeza y, cada vez que supero otra interacción social, gano en confianza.

Hoy más que nunca irradio confianza y seguridad en mí misma. Y estoy aquí para compartir contigo toda esa sabiduría que tanto me ha costado ganar. Créeme, si yo pude superarlo, tú también podrás hacerlo

¿Por qué leer este libro?

Antes de tener en tus manos este libro, navegar por las aguas sociales probablemente te parecía como intentar armar un rompecabezas sin la imagen de la caja. Probablemente hayas visto a otros hacer amigos sin esfuerzo, preguntándote por qué no era tan simple para ti. Tal vez hayas intentado algunas cosas, como imitar a los chicos populares o ser reservado; por desgracia, nada de esto te ha funcionado. Es como estar perdido en una ciudad sin un mapa. Sin estrategias claras y comprensión, la superación de los obstáculos sociales puede parecer un juego interminable de conjeturas, que te deja atrapado en un segundo plano y viendo cómo le pasa la vida a los demás.

¿Por qué es este libro es el cambio de juego que estabas buscando? Porque no se trata de otra guía genérica con consejos superficiales, sino de un manual real y práctico hecho a tu medida. Tanto si te sientes perdido en el laberinto social como si solo quieres mejorar tus habilidades para hacer amigos, este libro responde directamente a tus necesidades. Está repleto de estrategias que otras personas como tú y como yo, hemos puesto a prueba y funcionan.

Este libro comprende tus aspiraciones, ya sea sobre encajar, destacar o simplemente sentirte cómodo contigo mismo. *El adolescente social* trata de transformar la manera en que interactúas con los demás y cómo te ves a ti mismo. Se trata de liberarte de las cadenas de la ansiedad social, de crear conexiones genuinas y de construir una vida social en la que te emocione despertar. Si estás listo para el cambio, confía en mí. Tienes el libro adecuado en tus manos.

¡Nos vemos en el Capítulo 1!

CAPÍTULO 1
SER CONSCIENTE DE UNO MISMO (S)

"Sé tú mismo; los demás puestos ya están ocupados".
- Oscar Wilde

Mi lucha por encajar

En los bulliciosos pasillos de la escuela secundaria, la lucha por encajar era real. Lo entiendo. Como adolescente, estaba en medio de todo, intentando equilibrar el deseo de formar parte de los chicos populares con el miedo a destacar como una persona rara. Era como caminar por la cuerda floja, ¿sabes?

Recuerdo perfectamente un viernes por la noche. Estaba con mis amigos en una reunión; había mucha energía y el ambiente estaba lleno de risas y buena vibra. Pero a medida que avanzaba la noche, me di cuenta de que estaba actuando. Me reía de chistes que no me hacían gracia y asentía con la cabeza ante opiniones con las que no estaba de acuerdo. Esa verdad me golpeó como una tonelada de ladrillos: estaba fingiendo ser otra persona solo para encajar. Yo no era así.

En las semanas siguientes, no pude deshacerme de esa extraña sensación de vacío. Perdí de vista quién era en mi afán por encajar. Después de mucho reflexionar, supe lo que tenía que hacer. Tenía que liberarme de esa versión estereotipada de mí misma y ponerme en contacto con mi verdadera esencia.

Fue así como empecé a hacer cosas que me gustaban de verdad, a decir lo que pensaba, aunque fuera en contra de la corriente y a dejar que brillara mi personalidad única. Pero no siempre fue fácil. Salir de mi acogedora zona de confort a veces resultaba incómodo. Pero aquí está el truco: algo único comenzó a suceder.

Al abrazar mi autenticidad, mi círculo de amigos cambió de forma natural. Empecé a establecer relaciones reales y auténticas. Durante mi adolescencia, aprendí que las amistades de verdad se crean cuando eres fiel a ti mismo. Cuando dejas que brille tú yo auténtico, atraes de forma natural a amigos que te aprecian por lo que eres, con tus rarezas, tus defectos y todo lo demás.

A continuación...

En este capítulo, voy a mostrarte cómo atraer amistades verdaderas simplemente siendo tú mismo. No tienes que cambiar nada. Suena aterrador, pero créeme, funciona. El primer paso para convertirte en tu auténtico ser es, en primer lugar, descubrir quién eres. Ahí es donde entra en juego el concepto de ser consciente de ti mismo. Se trata de saber quién eres: lo que te gusta, lo que no te gusta, tus puntos fuertes y las pequeñas cosas que te hacen vibrar. Una vez que te conozcas, podrás empezar a abrazar tu autenticidad. Ahí es donde surgen las verdaderas amistades.

Conocerte a ti mismo no es solo saber en qué eres bueno o qué te gusta. También es saber qué te desconcierta, te incomoda y qué necesitas para sentirte bien. Tal vez seas extrovertido y te llene de energía estar rodeado de gente. Tal vez seas todo lo contrario: introvertido, y necesites un poco de tranquilidad para recargarte después de salir con amigos; ambas cosas están bien. Comprender tu naturaleza te ayudará a elegir situaciones en las que puedas brillar, no solo encajar.

También te propondré algunas actividades y cuestionarios interesantes para que aprendas más sobre ti mismo. Y no te estreses: no son exámenes aburridos. Estas pruebas son una forma divertida de profundizar en quién eres realmente. Además, te daré consejos para averiguar qué significan realmente tus respuestas.

También veremos cómo se aplica esta autocomprensión en la vida real. Por ejemplo, conocer tus puntos fuertes puede ayudarte en las conversaciones; comprender tus límites puede hacer que tus amistades sean más sólidas y sinceras... genial, ¿verdad?

Y no pasaremos por alto el mundo online. Nuestro yo digital es una parte importante de lo que somos. Exploraremos cómo la autoconciencia puede ayudarte a navegar por las redes sociales y las interacciones online con más confianza y autenticidad.

Al final de este capítulo, tendrás una mejor comprensión de quién eres. Este conocimiento es realmente importante porque el siguiente paso es aprender a afrontar las cosas que te asustan en situaciones sociales. Pero primero, conozcámonos mejor.

CONOCIÉNDOTE A TI MISMO

Piensa en la última vez que te sentiste a gusto en un grupo. Quizás charlando, riendo o simplemente pasando el rato, sintiendo que pertenecías a algo. Podías actuar como un tonto, moverte con libertad y decir lo que se te ocurriera sin preocuparte. Te sentías como en casa. Es una sensación fantástica, ¿verdad?

Ahora, vamos a darle la vuelta a esa sensación. Piensa en alguna ocasión en la que te hayas sentido fuera de lugar o incómodo en un grupo. Estar incómodo en un grupo puede hacerte sentir como si fueras el centro de atención, pero no en el buen sentido. Es como si todos los ojos estuvieran puestos en ti; cada palabra que dices y cada movimiento que haces, parece estar bajo una lupa. Parece como si contuvieras la respiración y lo único que quisieras es exhalar.

Entonces, ¿qué hizo que estas experiencias fueran tan opuestas? Gran parte de la respuesta está en conocerse a uno mismo; en eso consiste la autoconciencia.

La autoconciencia es como tener un espejo mental. Es entender tus sentimientos, por qué te sientes a gusto en algunas situaciones y por qué quieres esconderte debajo de una piedra en otras. Piensa en la autoconciencia como en tu manual de usuario personal.

Por qué es importante conocerse bien antes de mezclarse con los demás

¿Por qué es importante conocerse a uno mismo cuando se está rodeado de otras personas? Digamos que estás en una fiesta. Si sabes que te agobian las multitudes, puedes planificarlo con antelación. Tal vez puedas buscar un lugar tranquilo durante un rato o salir para recuperar el aliento. Saber cómo gestionar este desafío te ayudará a manejar mejor la situación.

Esto es exactamente lo que me pasó a mí. Todo cambió cuando empecé a comprender mis propias tendencias a través del proceso de autoconciencia. En la fiesta de un amigo en la que estaba rodeada de música y conversaciones animadas, sentí una mezcla de excitación y aprensión. Gracias a mi creciente autoconciencia, reconocí mi tendencia a agobiarme en estas situaciones.

En lugar de meterme de lleno en la fiesta, busqué un rincón tranquilo para observar y asimilar el ambiente a mi ritmo. Este rincón se convirtió en mi santuario, un lugar donde podía respirar y volver a calibrarme. A medida que avanzaba la noche, notaba los signos de ansiedad creciente y sabía exactamente cuándo apartarme para disfrutar de un momento de soledad.

Este enfoque no se limitaba a controlar mi ansiedad, sino que influía positivamente en la calidad de mis interacciones. Cuando me sentía más centrada y en control, mis conversaciones eran más auténticas. Estas breves pausas para recargar las pilas no me convirtieron en una arrogante, sino que me dieron la energía necesaria para volver a relacionarme con la gente de forma significativa.

¿Ves cómo aquella fiesta se convirtió en una oportunidad para el autodescubrimiento? Aprendí a prestar atención a cómo me sentía y a lo que necesitaba para sentirme mejor, lo que hizo que la fiesta fuera menos intimidante y más agradable.

Los beneficios de la autoconciencia

Puedes jugar con tus puntos fuertes

La autoconciencia no solo consiste en gestionar las cosas difíciles, como las multitudes abrumadoras, sino también en aprender a aprovechar tus fortalezas. Si eres bueno escuchando, puede que a la gente le encante hablar contigo cara a cara. Reconocer esta habilidad puede darte más confianza en entornos sociales.

Puedes relacionarte mejor con los demás

La autoconciencia no solo te afecta a ti, sino también a tu forma de relacionarte con los demás. Comprender tus sentimientos te hace menos propenso a proyectarlos en otros. Digamos, por ejemplo, que tienes un mal día. Si eres consciente de ti mismo, sabrás que tu estado de ánimo puede hacerte más sensible. Así, cuando un amigo hace una broma, es menos probable que te lo tomes a mal.

· · ·

Puedes empatizar con los demás

La autoconciencia te ayuda a comprender mejor a los demás. Cuando conoces tus emociones y reacciones, las percibes en los demás. Este conocimiento puede convertirte en un amigo más empático que reconoce cuando el otro tiene dificultades, aunque no las exprese verbalmente.

El conocimiento de uno mismo tiene un efecto dominó increíble. Cuanto más lo adquieres, más lo ves en el mundo que te rodea. Empezarás a entender por qué la gente hace lo que hace. Esto no significa que vayas a estar de acuerdo con todos o que te guste todo lo que hacen, pero te ayudará a entender de dónde vienen.

Ahora, piensa en la autoconciencia como una habilidad. No es algo con lo que naces, sino algo en lo que puedes mejorar. Es como aprender a andar en bicicleta. Al principio, puedes tambalearte y caerte. Pero cuanto más prácticas, más estable te vuelves. Al igual que con la bici, cuanto más trabajas la autoconciencia, más natural te resultará.

Tres formas de desarrollar la autoconciencia

¿Cómo puedes ser más consciente de ti mismo?

1. Chequea tu estado de ánimo: empieza por prestar atención a tus sentimientos. Cuando estés de buen humor, pregúntate qué te hace sentir así. Haz lo mismo cuando tengas un mal día. Es como ser el detective de tu propia vida. Las pistas ya están ahí, solo tienes que buscarlas.

2. Sal de tu zona de confort: otra forma de desarrollar la autoconciencia es experimentar saliendo de tu zona de confort. Presta atención a cómo reaccionas en esas situaciones. Puede que descubras que eres más valiente de lo que creías o que disfrutas con algo que no sabías que te gustaba.

3. Escucha: asegúrate de escuchar los comentarios. No siempre es fácil escuchar lo que otros tienen que decir sobre nosotros, pero oír su punto de vista puede ser increíblemente valioso. Puede que otros vean algo que a ti se te escapa. Pero no olvides tomar las opiniones con pinzas. No todos los comentarios son correctos, pero pueden contribuir a que te entiendas mejor a ti mismo.

Al final, la autoconciencia es tu arma secreta en nuestro mundo social. Te ayuda a entenderte a ti mismo, lo que a su vez te ayuda a entender a los demás. No se trata de cambiar quién eres para encajar. Se trata de saber quién eres para saber dónde encajas. Y eso es algo poderoso.

ACTIVIDADES Y CUESTIONARIOS DE AUTODESCUBRIMIENTO

Explorar tu verdadero ser es un viaje tan agradable como sumergirse en un nuevo juego o afición. En las siguientes páginas encontrarás actividades y cuestionarios diseñados para guiarte en esta aventura de autodescubrimiento.

Diez actividades para el autodescubrimiento

No dudes en dedicar el tiempo que necesites a las actividades que te proponemos a continuación, ya sea solo un día o una semana entera. La clave está en ir a tu ritmo, disfrutando de cada experiencia. Empieza por una actividad, tómate tu tiempo y sigue con la lista cuando estés preparado.

1. El seguimiento del estado de ánimo: Durante una semana, anota tus estados de ánimo en distintos momentos del día. ¿Estás contento, molesto, excitado o nervioso? Sea cual sea tu estado de ánimo, anótalo.

Al final de la semana, busca patrones. ¿Hay cosas que siempre te hacen sentir agobiado o estresado? Esta actividad te ayudará a ver qué afecta a tu estado de ánimo.

Rueda de emociones

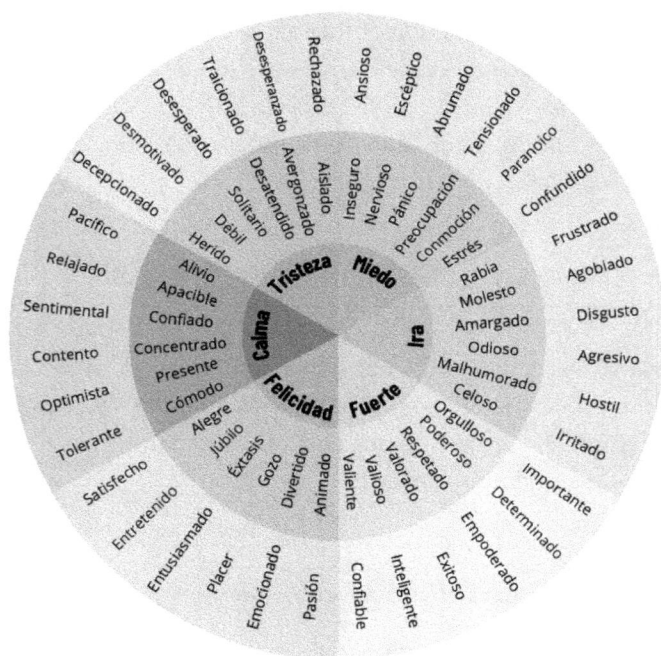

2. La reflexión sobre los elogios: pide a cinco personas de confianza que te digan cuáles creen que son tus puntos fuertes y anótalos. ¿Ves un tema común? Esta actividad es excelente para entender cómo ven los demás tus puntos fuertes.

3. El cuestionario del trabajo ideal: crea una lista de trabajos. Elige algunos que te parezcan especiales y otros al azar. Después, elige los tres mejores y explica por qué. Este cuestionario puede mostrarte lo que valoras en una profesión: la creatividad, ayudar a los demás o, tal vez, la resolución de problemas.

4. El mapa de la amistad: dibuja un mapa de tus amistades. Sitúate en el centro y traza líneas hacia tus amigos. Cuanto más cerca esté el amigo, más cerca estará del centro. Esta imagen puede ayudarte a entender tu círculo social y el tipo de amistades que tienes.

5. El juego de los "y sí...": escribe diez escenarios hipotéticos. ¿Y si ganaras un millón de dólares? ¿Y si pudieras viajar a cualquier parte del mundo? Tus respuestas pueden revelar mucho sobre tus esperanzas, miedos y sueños.

6. El análisis del tiempo a solas: pasa un día solo haciendo cosas que te gusten. Al final del día, piensa cómo te has sentido. ¿Te sentiste relajado, aburrido, solo o algo más? Este análisis puede decirte mucho sobre cuánto tiempo a solas necesitas y qué disfrutas de verdad.

7. El desafío del cambio: piensa en una pequeña cosa que te gustaría cambiar de ti mismo e inténtalo durante una semana. Quizá puedas levantarte antes o beber más agua. Observa cómo te hace sentir este cambio y qué dice de tu capacidad de adaptación y crecimiento.

8. El proyecto apasionante: dedica algo de tiempo a actividades o aficiones que te apasionen de verdad. Ya sea pintar, programar o tocar un instrumento musical, sumergirte en actividades que te apasionan puede revelar aspectos ocultos de ti mismo y lo que te hace feliz.

9. La reflexión sobre el modelo a seguir: enumera tres personas que admires, sean famosas o no. Escribe por qué las admiras. Esta actividad puede mostrarte cualidades que valoras que tal vez quieras desarrollar.

10. La carta del futuro: escribe una carta a tu yo futuro dentro de cinco años. ¿Qué esperas decirle? Esta carta puede ser una forma poderosa de entender tus sueños y objetivos.

Cuando realices estas actividades, recuerda que no hay respuestas correctas o incorrectas; se trata de explorar y comprenderte a ti mismo. Disfruta del proceso de autodescubrimiento y puede que descubras cosas muy interesantes sobre quién eres.

Cuestionario de autoconciencia

Otra forma de conocerte a ti mismo es examinando cómo afrontas las situaciones difíciles. Echa un vistazo a las siguientes preguntas y respóndelas con sinceridad. Elige la respuesta que mejor refleje tus sentimientos o preferencias. Al final, te daré una idea de lo que tus respuestas pueden revelar sobre ti. Comencemos.

1. ¿Cómo sueles reaccionar en situaciones difíciles?

a. Mantengo la calma y lo pienso bien

b. Le pido consejos a mis amigos

c. Me siento abrumado y estresado

d. Me lanzo y veo lo que pasa

2. ¿Qué te hace sonreír?

a. Ser creativo, como dibujar o escribir

b. Ayudar a amigos o hacer voluntariado

c. Deportes o juegos competitivos

d. Resolver problemas o descifrar enigmas

· · ·

3. ¿Cómo gestionas las críticas o los comentarios?

a. Reflexiono sobre ellos y busco áreas de mejora

b. Aprecio las diferentes perspectivas y veo la posibilidad de cambiar

c. Me siento herido o me pongo a la defensiva

d. No hago caso y confío en mis instintos

4. ¿Qué tipo de situaciones sociales te resultan más agradables?

a. Reuniones íntimas con amigos cercanos

b. Actividades colaborativas en grupo

c. Eventos enérgicos y bulliciosos

d. Conversaciones individuales

5. ¿Cuál es tu estilo de gestión del tiempo?

a. Hacer listas y priorizar tareas

b. Confiar en calendarios y planificadores

c. Luchar por cumplir los plazos

d. Improvisar y dejarme llevar

6. ¿Cuál es tu enfoque en la toma de decisiones?

a. Pensar cuidadosamente

b. Recopilar opiniones; cuantas más, mejor

c. Indecisión o evitación

d. Confiar en mis instintos y tomar decisiones rápidas

. . .

7. ¿Qué es lo que más valoras en tus relaciones con los demás?

a. Lealtad y confianza

b. Comunicación abierta y comprensión

c. Espontaneidad y diversión

d. Independencia y espacio personal

Ahora vamos a desentrañar lo que tus respuestas pueden revelar sobre ti. Cada opción refleja aspectos de tu personalidad, tus preferencias y tu forma de afrontar los retos. Estas ideas te darán una imagen más clara de ti mismo y quizás te permitan descubrir algunas cosas interesantes que no sabías sobre ti.

Mayoría de A: tu enfoque reflexivo y organizado sugiere que es probable que seas consciente de ti mismo. ¡Sigue demostrando tu capacidad de análisis!

Mayoría de B: trabajas en equipo. Te encanta intercambiar ideas con los demás y valoras los diferentes puntos de vista. El trabajo en equipo hace que el trabajo funcione, ¿verdad?

Mayoría de C: las situaciones estresantes y las críticas pueden ser complicadas, pero no te preocupes, esto es muy común. Es hora de explorar algunos trucos antiestrés y aumentar esa confianza.

Mayoría de D: tu rapidez para tomar decisiones y tu naturaleza espontánea sugieren un fuerte sentido de la confianza y la independencia. Si bien esto puede ser una ventaja, también puede ser útil reflexionar sobre las situaciones más profundamente, a veces para mejorar la conciencia de ti mismo.

No dudes en volver a este cuestionario cada dos meses para ver cuánto has crecido y cambiado.

EL EFECTO DOMINÓ: CÓMO LA AUTOCONCIENCIA AFECTA A LA RELACIÓN CON LOS DEMÁS

Comprenderte a ti mismo es como preparar el escenario antes del acto principal de una obra de teatro. Da forma a tu manera de interactuar con el mundo, especialmente con la gente que te rodea. Cuando tienes una idea clara de quién eres, dispones de una hoja de ruta para desenvolverte en situaciones sociales. Esta claridad te hace la vida más fácil y mejora tu forma de relacionarte con los demás.

Estableciendo límites personales

Cuando era adolescente, tenía una mejor amiga que se llamaba Lauren. Ella siempre se sentía agotada después de salir con sus amigos. Al principio, Lauren no entendía por qué. Le agradaban sus amigos y disfrutaba de su compañía, pero se sentía agotada cada vez que salía de una gran reunión. Era como correr una maratón sin entrenar. Después de analizarse a sí misma, se dio cuenta de que era introvertida. Los grandes grupos y las largas reuniones sociales le resultaban agotadoras y necesitaba tiempo a solas para recargar las pilas.

Con este nuevo conocimiento, cambió su forma de abordar los acontecimientos sociales estableciendo límites personales. No dejó de salir conmigo o con sus otros amigos, sino que encontró formas de equilibrar su vida social con su necesidad de pasar tiempo a solas. Al igual que yo encontraba un rincón tranquilo para reagruparme en las fiestas, Lauren también tenía un plan para sí misma. Se reunía con sus amigos y pasaba un rato con ellos, pero luego se iba un poco antes que los demás cuando se sentía abrumada.

Estos pequeños cambios tuvieron un gran impacto. Sus amigos y yo empezamos a entenderla mejor. No veíamos sus salidas tempranas como algo grosero, sino que entendíamos que era la forma en que se cuidaba a sí misma. Al hablar abiertamente de sus necesidades, Lauren nos ayudó a entenderla mejor. Su desarrollo personal hizo que sus amistades fueran más fuertes y más respetuosas con sus límites.

Su historia es un ejemplo perfecto del efecto dominó de la autoconciencia. Al comprender sus propias necesidades, fue capaz de comunicarlas a los demás, lo que dio lugar a interacciones sociales más agradables y significativas. El autodescubrimiento consiste en encontrar un equilibrio que funcione para ti y para los que te rodean.

La clave es sencilla pero poderosa: cuando te conoces a ti mismo, puedes establecer límites que aporten paz a tu vida y enriquezcan tus interacciones con los demás. Te mantienes fiel a ti mismo, estableciendo vínculos más fuertes y genuinos, una situación en la que todos salen ganando.

Entendiendo los desencadenantes emocionales

Otra parte de la autoconciencia que afecta en gran medida a nuestras interacciones con los demás es reconocer los desencadenantes emocionales. Estos desencadenantes son acciones específicas que desencadenan emociones fuertes en nosotros, a menudo de forma inesperada. Comprender estos desencadenantes puede mejorar enormemente nuestras interacciones y relaciones sociales.

Mi hermano Tom siempre se ponía a la defensiva y se alteraba cuando alguien le hacía una crítica. Esta reacción era tan automática como activar un interruptor. No importaba si la crítica era suave o dura. La respuesta inmediata de Tom era replicar, lo que a veces provocaba discusiones con sus amigos o momentos de tensión en la escuela.

Después de reflexionar un poco, empezó a comprender que sus reacciones estaban ligadas a sentimientos de su pasado. Durante su infancia, se enfrentó a menudo a duras críticas que le hacían sentirse inadecuado. Como resultado, cualquier crítica en el presente, aunque fuera bien intencionada, desencadenaba viejos sentimientos de no ser lo suficientemente bueno.

Esta comprensión supuso un punto de inflexión para él. Empezó a trabajar para responder de forma diferente a las críticas. En lugar de ponerse inmediatamente a la defensiva, aprendió a tomarse un momento, respirar y recordarse a sí mismo que no todas las críticas son un ataque a su personalidad. Esta toma de conciencia no se produjo de la noche a la mañana, sino que requirió práctica y paciencia. Poco a poco, Tom pudo escuchar comentarios constructivos sin sentirse atacado personalmente.

Este cambio en su comportamiento tuvo un impacto significativo en su vida social. Sus amigos se dieron cuenta de que se había vuelto más abierto y se tomaba su tiempo antes de discutir. Esto hizo que sus interacciones fueran más agradables y constructivas. El nuevo enfoque de Tom le ayudó a aprender y a crecer a partir de los comentarios que recibía en casa y en clase, en lugar de rechazarlos.

La transformación de Tom demuestra el poder de comprender los desencadenantes emocionales. Al reconocerlos y trabajar sobre ellos, podemos mejorar nuestras reacciones en situaciones sociales. Este reconocimiento conduce a relaciones más sanas y satisfactorias. También nos ayuda a comunicarnos con más eficacia, puesto que ya no luchamos contra respuestas emocionales invisibles de nuestro pasado.

Fortalezas y debilidades

Una de las partes más importantes de la autoconciencia es identificar tus fortalezas y debilidades. Se trata de ver en qué eres bueno por naturaleza y en qué aspectos podrías mejorar. Este conocimiento determina tu forma de interactuar con los demás, convirtiendo las experiencias sociales cotidianas en oportunidades de crecimiento y conexión.

Cuando era adolescente, me sentía muy incómoda hablando de cosas triviales. La idea de hablar del tiempo o de lo que alguien había hecho el fin de semana siempre me resultaba rara y forzada. Sin embargo, llegué a comprender que tenía un don único: sabía escuchar. Cuando alguien me hablaba, siempre le prestaba toda mi atención, mostrando un interés genuino por sus palabras. Esta habilidad hacía que la gente se sintiera escuchada y valorada al hablar conmigo.

Tras comprender esta nueva información, decidí apoyarme en mis fortalezas. En lugar de forzarme a mantener conversaciones triviales, hacía preguntas abiertas que dejaban a los demás hablar más. La gente disfrutaba conversando conmigo porque sentían que les escuchaba de verdad y me interesaba por lo que decían. Mis amigos y compañeros empezaron a verme como una persona a la que acudir en busca de consejos y conversaciones significativas. Me quité de encima la presión de mantener conversaciones.

Al centrarme en mi fortaleza como oyente, convertí lo que consideraba una debilidad social (mi dificultad para hablar de cosas triviales) en un poder único. Este cambio no solo modificó mi forma de relacionarme con los demás, sino también la manera en que me veía a mí misma. Me sentí más segura en situaciones sociales, sabiendo que tenía una valiosa habilidad que ofrecer en mis interacciones.

Identificación de fortalezas y debilidades

La identificación de tus fortalezas y debilidades no consiste en etiquetarte como bueno o malo en ciertas cosas; se trata de conocer tu caja de herramientas personal. Tus fortalezas son tus herramientas, algo que puedes utilizar para construir experiencias y relaciones positivas. Tus debilidades, por el contrario, son áreas en las que podrías necesitar nuevas herramientas o habilidades.

¿Cómo puedes identificar tus atributos positivos y tus áreas de mejora? Empieza por reflexionar sobre tus interacciones recientes. Piensa en los momentos en los que te has sentido cómodo (es decir, como en casa) y en los momentos en los que te has sentido fuera de lugar (es decir, bajo los focos). ¿Qué hacías en cada situación? Esta información puede darte pistas sobre tus puntos fuertes naturales y tus áreas de crecimiento.

Cómo este conocimiento puede impulsar tu vida social

Una vez que conozcas tus fortalezas y debilidades, podrás utilizarlas a tu favor en situaciones sociales. Como yo, puedes sacar provecho de tus puntos fuertes y encontrar formas de solucionar tus puntos débiles. Quizá se te dé muy bien hacer reír a la gente, pero te cueste hablar de tus sentimientos. Puedes utilizar tu humor para ir entablando poco a poco conversaciones más personales.

Identificar tus fortalezas y debilidades también puede ayudarte a elegir actividades en las que puedas prosperar. Si sabes que se te da bien organizar y dirigir, puede que te guste formar parte de un club o un equipo. Si eres más bien un pensador creativo al que le gusta trabajar de forma independiente, podrías brillar en actividades como la escritura o el arte. Por el contrario, cuando te inclinas por áreas que suponen un reto, puedes hacer que tus experiencias sociales sean más satisfactorias y completas.

La alegría de la autoconciencia

Saber lo que te hace feliz es una parte crucial de la autoconciencia, especialmente a la hora de configurar tu vida social. Cuando sabes lo que te hace feliz, puedes buscar experiencias y relaciones que resuenen con tu verdadera esencia. Esta alineación aumenta tu felicidad y enriquece tus interacciones con los demás.

Descubriendo lo que me trajo alegría

Cuando era adolescente, siempre iba con mis amigos a lugares ruidosos y concurridos. A pesar del ambiente divertido, disfrutaba muy poco en esos eventos. A pesar de tomarme descansos, seguía sintiéndome abrumada por el ruido y la multitud. No es que no me agradaran mis amigos o la vida social; lo que no me gustaba era el ambiente.

Cuando empecé a reflexionar sobre mis sentimientos, me di cuenta de que prefería las reuniones más tranquilas e íntimas. Me gustaban las conversaciones profundas y compartir experiencias en un ambiente más relajado. Con este reconocimiento, comencé a cambiar mi forma de socializar. En lugar de intentar encajar en el ambiente festivo, decidí organizar noches de cine y cenas en mi casa. Estos eventos estaban más en consonancia con lo que me gustaba: un entorno cómodo en el que podía conectar con mis amigos a un nivel más profundo.

Este cambio marcó una diferencia significativa en mi vida social. Mis amigos vieron una faceta distinta de mí. Disfrutaban del ambiente tranquilo y acogedor de mis noches de cine y del toque personal de mis cenas. Estas reuniones me permitían mantener conversaciones y estrechar lazos que los lugares ruidosos no me permitían. Mis amigos apreciaban esta nueva forma de pasar el rato (con pantalones deportivos y Netflix), y yo esperaba con impaciencia estas reuniones. Por cierto, incluso años después, sigo organizando noches de cine mensuales con mis amigos.

Encuentra lo que te hace feliz

Comprender lo que te hace feliz en los entornos sociales no consiste en evitar socializar o ser diferente de los demás; se trata de encontrar entornos en los que puedas sacar lo mejor de ti mismo. Estarás más relajado, abierto y auténtico en un entorno que esté en consonancia con tu felicidad. Esta autenticidad atrae a la gente hacia ti y te ayuda a crear vínculos más fuertes y significativos.

Empieza a fijarte en los ambientes en los que te sientes más a gusto o como en casa y en aquellos en los que te sientes fuera de lugar o bajo los focos. Reflexiona sobre las actividades que te alegran y las que no. También es útil probar cosas nuevas. A veces, puedes descubrir una nueva fuente de felicidad en un lugar inesperado.

Recuerda que lo que te hace feliz a ti puede diferir de lo que hace felices a los demás. Aceptar estas diferencias puede transformar tus experiencias sociales. Tu identidad te permite participar en actividades que sacan lo mejor de ti y establecer vínculos con otras personas que aprecien tu auténtico ser.

La autoconciencia conduce a la autenticidad

La autenticidad, el arte de ser tú verdaderamente, podría ser el regalo más valioso de la autoconciencia. La autenticidad te despoja de las capas de expectativas y normas, para revelar quién eres realmente. Cuando eres auténtico, conectas con los demás a un nivel más profundo y significativo, como lo hizo Emily.

La historia de Emily

Como muchos adolescentes de su edad, Emily pasó años moldeándose para encajar. Le gustaba lo que les gustaba a sus amigas, se vestía como ellas e incluso adaptaba sus opiniones a las suyas. En apariencia, estos esfuerzos parecían funcionar. Se convirtió en parte del grupo y siempre participaba en sus actividades. Pero en el fondo, Emily sentía un vacío. Era como una actriz interpretando un papel; el escenario era su vida y la representación nunca terminaba.

El punto de inflexión para Emily llegó cuando empezó a explorar sus intereses. Empezó leyendo libros que le interesaban, no solo los que comentaban sus amigos. Exploró la música más allá de las listas de éxitos, encontrando grupos y géneros que encajaban con ella. También exploró diferentes looks, optando por prendas que le aportaran comodidad y alegría en lugar de seguir las tendencias del momento.

Averiguar quién era realmente, no siempre fue fácil para Emily. Al principio, le preocupaba lo que pensarían sus amigos. ¿La juzgarían? ¿Seguiría encajando? Pero cuando aceptó su verdadera esencia, empezó a ver grandes cambios en su vida. Comenzó a gustarle a la gente por lo que era, no por lo que intentaba ser. Sus conversaciones se volvieron más interesantes y enriquecedoras porque eran auténticas. Encontró amigos con los que compartía verdaderos intereses, lo que dio lugar a relaciones más profundas y experiencias sociales más agradables

La historia de Emily es un testimonio del poder de la autenticidad. Ser fiel a uno mismo no solo tiene que ver con la felicidad personal, sino también con la calidad de las relaciones. Las personas auténticas atraen a quienes también lo son, lo que a su vez crea un círculo de confianza y franqueza.

Cómo ser más auténtico

¿Cómo puedes empezar a ser más auténtico? En primer lugar, dedica un tiempo para ti mismo. Trabaja en las *Diez actividades para el autodescubrimiento* enumeradas al principio de este capítulo. Conoce lo que te gusta, lo que no te gusta y tus valores. ¿Qué te emociona? ¿En qué crees? Una vez que empieces a averiguar quién eres, podrás empezar a expresar estos aspectos de ti mismo en tu vida diaria. Di lo que piensas con respeto, elige actividades que se ajusten a tus intereses y no tengas miedo de mostrar tu estilo único.

Recuerda que la autenticidad no consiste en ser diferente porque sí, sino en ser fiel a ti mismo. No tienes por qué rechazar todo lo que sea popular o convencional. En lugar de eso, elige lo que te identifique, independientemente de que esté de moda o no.

Ser auténtico significa estar abierto al crecimiento y al cambio. A lo largo de tu vida, tus intereses y valores pueden evolucionar, y eso está bien. Acepta estos cambios como parte del proceso. La autenticidad no es estática; se trata de abrazar tu identidad en cada etapa de tu vida.

Tú yo digital: Autoconciencia en el mundo en línea

En la era digital actual, nuestra presencia en Internet forma parte de nuestra identidad tanto como nuestra presencia física. La autoconciencia va más allá del mundo físico y se extiende al ámbito de las redes sociales, los juegos en línea y las clases virtuales. Comprender cómo te presentas en Internet y cómo esa imagen se alinea con tu personalidad en el mundo real es vital para interactuar con autenticidad, dentro y fuera de la pantalla.

. . .

Autoconciencia digital: Redes sociales

El mundo digital ofrece una plataforma única en la que puedes expresarte, compartir tus pensamientos y conectarte con los demás. Por desgracia, también es un lugar donde es fácil perder de vista quién eres. En el mundo de los "me gusta", los "compartir" y los "seguidores", es tentador crearse una imagen que busque más la aprobación de los demás que la expresión de uno mismo. Aquí es donde entra en juego la autoconciencia. Tienes que ser consciente de la imagen que proyectas en Internet y asegurarte de que refleje tu verdadero ser.

Es importante distinguir entre las interacciones auténticas y la mera búsqueda de "me gustas". Encontrar ese equilibrio y ser real en Internet te ayuda a establecer conexiones significativas y a preservar tu identidad en el entorno digital. Tener autoconciencia en el mundo de las redes sociales te da el poder de navegar por él con propósito y honestidad.

Autoconciencia digital: Juegos en línea

Los juegos en línea son otro espacio digital en el que la autoconciencia desempeña un papel fundamental. Es un espacio en el que puedes encarnar cualquier personaje e interactuar con otros en un entorno virtual. Aunque es una excelente forma de evadirse de la realidad y divertirse, es esencial ser consciente de la parte de uno mismo que se deposita en estos juegos.

Recuerda que es esencial controlar y asegurarte de que no estés utilizando los juegos para evadir cosas de tu vida real. ¿Utilizas los juegos para expresar aspectos de tu personalidad que podrías estar reprimiendo en el mundo real? ¿O es una forma de desconectar por completo de quién eres? Equilibrar la diversión del juego con una comprensión clara de por qué lo haces, te ayuda a disfrutar del mundo virtual sin perder el contacto con el real.

Autoconciencia digital: Clases virtuales

Las clases virtuales y los entornos de aprendizaje también requieren autoconciencia. Focalízate en ser consciente de cómo te relacionas con los demás en estos entornos. ¿Participas y contribuyes de un modo que refleja tu verdadero interés e implicación en el tema? ¿Eres respetuoso y considerado en tus interacciones, igual que en el aula física? Ser consciente de ti mismo en estos entornos te garantizará sacar el máximo provecho de tu experiencia de aprendizaje en línea y, al mismo tiempo, ser una presencia positiva para los demás.

Saber cuándo tomar descansos, manejar las distracciones y comunicarse eficazmente contribuye a una experiencia de aprendizaje en línea más fluida y agradable. Ser consciente de tus propias necesidades y hábitos forma parte del conocimiento de ti mismo. Te ayuda a adaptar tu enfoque del aprendizaje, a mantener la concentración y a crear un entorno que se adapte a tu estilo a la hora de aprender.

Creación de una identidad digital auténtica

La autoconciencia en el ámbito digital consiste en alinear tu presencia en línea con tu verdadera personalidad. Se trata de ser consciente de cómo interactúas en estos espacios y asegurarte de que tu huella digital te refleje genuinamente. Al actuar de forma consciente, creas una identidad digital auténtica, respetuosa y fiel a ti mismo, lo que mejora tus relaciones virtuales y reales.

Aquí tienes cuatro formas de alinear tu personalidad en Internet con tu personalidad en la vida real.

1. Presta atención a lo que publicas: antes de compartir algo, pregúntate si el contenido refleja genuinamente tus pensamientos, sentimientos o experiencias. Piensa en las motivaciones de tus publicaciones. ¿Compartes algo porque es importante para ti o buscas la validación y aprobación de los demás?

2. Deja que evolucione: está bien que tu imagen en Internet evolucione a medida que creces y cambias en la vida real. Tu presencia digital puede reflejar estos cambios a medida que aprendes más sobre ti mismo, tus intereses y tus valores.

3. Empareja tus mundos: piensa en cómo afectan tus interacciones en línea a tus relaciones en el mundo real. Si eres amable y comprensivo en Internet, traslada esos rasgos a tus interacciones en la vida real. Del mismo modo, si eres más negativo o crítico en Internet, reflexiona sobre tus acciones y cómo pueden afectar a tus relaciones y a tu bienestar mental.

4. Tómate un respiro: tómate descansos del mundo digital para conectar contigo mismo y con los demás en la vida real. Estos descansos te ayudarán a mantener una perspectiva equilibrada y a asegurarte de que tu identidad en Internet no eclipse tus experiencias y relaciones en la vida real.

Ahora que hemos explorado la autoconciencia, desde la comprensión de tus puntos fuertes y débiles hasta la alineación de tu personalidad en la vida real con tu personaje digital, nos encontramos en una importante encrucijada. El camino a seguir consiste en ir más allá de la mera conciencia para superar activamente las barreras que te frenan en los entornos sociales, obstáculos como el miedo y la timidez.

Embarquémonos en esta emocionante etapa en la que la autoconciencia se convierte en el trampolín para superar los obstáculos personales y prosperar en el mundo social.

CAPÍTULO 2
SUPERACIÓN DE OBSTÁCULOS (O)

> "El valor no es la ausencia de miedo, sino el triunfo sobre él".

- Nelson Mandela

Reconozcámoslo: hasta los más valientes de nosotros tienen miedo. En este capítulo, te embarcarás en un viaje para identificar y comprender esos miedos. ¿Es la timidez lo que te hace pasar desapercibido? ¿Es la ansiedad lo que hace que tu corazón se acelere en situaciones sociales? ¿O es el miedo a decir algo equivocado lo que mantiene tus pensamientos encerrados en ti mismo? Reconocerlos es el primer paso para superarlos.

La identificación por sí sola no basta. También te mostraré técnicas eficaces para vencer estos obstáculos. Desde métodos de terapia cognitivo-conductual (TCC) que cuestionan y cambian tus patrones de pensamiento, hasta técnicas de mindfulness que te ayudarán a mantener los pies en la tierra y la calma en el momento presente, descubrirás herramientas que pueden transformar tu forma de enfrentarte a las situaciones sociales.

Ganar confianza es el último paso para superar los obstáculos sociales. La confianza es como un músculo: cuanto más se utiliza, más se fortalece. Explorarás formas de desarrollarla, comprendiendo cómo puede cambiar la forma en que te ves a ti mismo y cómo te perciben los demás. La confianza no significa que nunca sentirás miedos; significa que tendrás la fuerza para enfrentarte a ellos y prosperar

Este capítulo también incluye ejemplos de la vida real y estudios de casos. Estas historias de superación de las ansiedades sociales te inspirarán y demostrarán que el cambio es posible y está al alcance de la mano.

Superar los obstáculos sociales es un proceso, un viaje hacia una vida social más segura y satisfactoria. Al pasar estas páginas, estarás dando pasos para derribar las barreras del miedo y la timidez, allanando el camino hacia experiencias sociales más enriquecedoras y agradables.

IDENTIFICACIÓN DE MIEDOS, TIMIDEZ Y ANSIEDAD SOCIAL

El camino hacia la superación de los miedos sociales comienza con un primer paso crucial: identificarlos y reconocerlos. Los miedos sociales se manifiestan de diversas formas, como un sentimiento general de timidez y ansiedades sociales específicas. Exploremos estas áreas y descubramos cómo pueden manifestarse en tu vida.

Timidez

Para muchos, *la timidez* es como una sombra silenciosa que acecha en las situaciones sociales. No siempre se trata de miedo, sino más bien de sentirse incómodo o inseguro cuando la atención se centra en uno mismo. Esta timidez puede manifestarse evitando el contacto visual, permaneciendo callado en grupos o sintiéndose incómodo en nuevos entornos sociales. Las personas tímidas pueden tener hábitos nerviosos como tocarse la cara o revolverse el pelo. La timidez es una forma de autoconciencia, una preocupación por cómo te perciben los demás.

Ansiedad social

La ansiedad social es un miedo intenso a ser juzgado o avergonzado en situaciones sociales. Este sentimiento puede ser tan abrumador que altere nuestra vida cotidiana. Las personas con ansiedad social pueden evitar por completo los acontecimientos sociales, experimentar una gran ansiedad ante la idea de encontrarse en situaciones sociales o esforzarse mucho para superarlas. Una persona con ansiedad social tiene dificultades en situaciones en las que puede ser juzgada, como conocer gente nueva, responder a una pregunta en clase o tener que hablar con la cajera de una tienda.

Midiendo tu temperatura social

Para ayudarte a identificar tu nivel de comodidad social, considera estas preguntas inspiradas en el concepto de fiesta:

1. Cuando piensas en asistir a una fiesta, ¿qué es lo primero que sientes?

- Entusiasmo por conocer gente nueva.
- Nerviosismo por saber con quién hablarás.
- Temor ante la idea de estar entre una multitud.
- Preocupación por llamar la atención o ser juzgado.

2. En una reunión social, ¿dónde te encuentras normalmente?

- Integrado y charlando con varias personas.

- Me mantengo junto a uno o dos amigos.
- Busco un rincón tranquilo para observar a la distancia.
- Buscando una excusa para irme pronto.

3. ¿Cómo te sientes al hablar delante de un grupo?

- Es un reto divertido.
- Es un poco desesperante pero manejable.
- Es increíblemente incómodo, pero puedo superarlo.
- Es mi peor pesadilla y debo evitarla a toda costa.

4. ¿Cómo te sientes al entablar conversaciones triviales?

- Las disfruto y no me supone ningún esfuerzo.
- Lo hago cuando es necesario, pero prefiero conversaciones profundas.
- Me siento incómodo y me cuesta mantener la conversación.
- Les tengo miedo y a menudo encuentro formas de evitarlo.

5. ¿Cómo reaccionas al ser el centro de atención del grupo?

- Acepto y disfruto de ser el centro de atención.
- Me siento un poco incómodo, pero consigo desenvolverme.
- Experimento un aumento de ansiedad y busco formas de redirigir la atención.

- Me angustia e inmediatamente intento retirarme del centro de atención.

Tus respuestas pueden ayudar a determinar el grado de incomodidad social que experimentas. Por ejemplo, ¿has elegido respuestas que muestran una ligera incomodidad en situaciones de grupo, o aquellas que revelan un miedo más intenso a las situaciones sociales? No hay respuestas correctas o incorrectas. En las siguientes secciones, exploraremos estrategias que te ayudarán a superar los retos sociales, ya sean grandes o pequeños.

TÉCNICAS PARA SUPERAR LOS OBSTÁCULOS SOCIALES

Superar los miedos y ansiedades sociales es un viaje que requiere comprensión y acción. Dos métodos eficaces para gestionar y vencer estos miedos son la *terapia cognitivo-conductual* (TCC) y el *mindfulness*. Ambos ofrecen estrategias prácticas que pueden aplicarse en la vida diaria para reducir gradualmente el impacto de los miedos sociales.

Terapia cognitivo-conductual (TCC) para afrontar los miedos sociales

La *terapia cognitivo-conductual* es un tipo de terapia que demuestra que nuestros pensamientos, sentimientos y acciones están conectados. Y aquí tienes un dato interesante: ¿sabías que miles de pensamientos negativos pasan por nuestra mente a diario? Sí, ¡miles! Estos pensamientos negativos pueden provocar emociones negativas que afectan nuestro comportamiento en situaciones sociales. Pero aquí viene lo bueno: si reformulas esos pensamientos, puedes cambiar cómo te sientes y cómo actúas en entornos sociales. Es como darle un cambio de imagen a tu mente.

Por ejemplo, si piensas: "*Voy a decir una estupidez*", este pensamiento puede provocarte ansiedad, lo que te lleva a evitar por completo las interacciones sociales. La TCC funciona desafiando y sustituyendo este pensamiento por otro más equilibrado, como "*Todo el mundo comete errores en una conversación alguna vez, es normal*".

Registro de pensamientos

Un ejercicio de TCC muy sencillo y eficaz es el registro de pensamientos. Los registros de pensamientos te ayudan a descubrir y reformular esos molestos pensamientos negativos que pueden deprimirte. Imagínatelo como una forma de entender lo que pasa por tu cabeza cuando estás disgustado. Llevar un registro de tus pensamientos te ayuda a ser consciente de ti mismo y detiene los pensamientos negativos en seco.

Funciona así. Lleva un diario de los pensamientos negativos que tengas sobre situaciones sociales. Escribe la situación, el pensamiento, la emoción que desencadenó y cómo reaccionaste. Finalmente, intenta encontrar un pensamiento más equilibrado para la misma situación.

Guía paso a paso para el registro de pensamientos:

1. **Fecha y hora:** anota exactamente cuándo ocurrió este acontecimiento.

2. **Situación/Desencadenante:** describe la situación concreta que te llevó a tener pensamientos y emociones negativas. Sé detallado y específico.

3. **Estado de ánimo/Emoción:** utiliza la rueda de emociones del capítulo 1 para registrar tu estado de ánimo. Puntúa tus sentimientos en una escala del 1 al 10, siendo 1 poco intenso y 10 extremadamente intenso.

4. **Pensamientos negativos automáticos (ANT, por sus siglas en inglés):** Anota los pensamientos que surgieron instantáneamente cuando las cosas se pusieron difíciles.

5. **Evidencias que respaldan los ANT:** fíjate en los hechos que apoyan esos pensamientos automáticos. ¿Se basan en algo verdadero?

6. **Evidencias en contra de los ANT:** busca cualquier prueba que no concuerde con esos pensamientos automáticos. Fíjate si hay otra versión de la historia.

7. **Pensamientos alternativos y equilibrados:** piensa en cosas más útiles, menos negativas y más realistas.

8. **Reevalúa tu estado de ánimo/emoción:** vuelve a comprobar tus sentimientos después de pensar en las cosas de otra manera. Vuelve a valorar la intensidad de tus sentimientos en una escala del 1 al 10. ¿Ha cambiado algo?

Al pasar por este proceso, puedes aprender mucho sobre tus patrones de pensamiento, cuestionar creencias irracionales y desarrollar un pensamiento más sano y equilibrado. El objetivo es comprender mejor tus pensamientos y encontrar formas de hacerlos más positivos y equilibrados. Puedes utilizar esta herramienta con un terapeuta, o incluso por tu cuenta, para afrontar emociones difíciles.

. . .

Registro de pensamientos en tiempo real

Fecha y hora: *15 de diciembre de 2023, 3:30 PM*

Situación/Desencadenante: *Durante la reunión del proyecto de grupo en la biblioteca, tuve que compartir mis ideas para la presentación. Todo el mundo me miraba y yo estaba muy nerviosa por la posibilidad de que me juzgaban.*

Estado de ánimo/Emoción: *utilizando la rueda de emociones, diría que mi estado de ánimo se basaba principalmente en la ansiedad y en la vergüenza. Lo calificaría con 7, lo sentía con bastante intensidad.*

Pensamientos negativos automáticos (ANT): *todos piensan que mis ideas son estúpidas. Voy a estropear la presentación, y todo el mundo lo recordará.*

Evidencias que respaldan los ANT: *bueno, algunas personas parecían un poco aburridas mientras hablaba. Además, me tropezaba con mis palabras, lo que me hacía sentir como si me estuvieran juzgando.*

Evidencias en contra de las ANT: *pero no todos parecían desinteresados, y algunos asentían como si lo entendieran. Además, sé que tengo buenas ideas; son los nervios los que hablan.*

Pensamientos alternativos y equilibrados: *puede que hoy no me haya salido del todo bien la presentación, pero eso no significa que todas mis ideas sean malas. Puedo mejorar, todo el mundo tiene días malos.*

Reevaluar tu estado de ánimo/emoción: *después de pensarlo de otra manera, mi ansiedad bajó un poco. Diría que ahora es más bien un 5. Todavía me siento un poco avergonzada, pero no es tan abrumador.*

¿Ves cómo utilizar un registro de pensamientos en situaciones de la vida real puede ser increíblemente útil cambiando los pensamientos negativos, gestionando las emociones y promoviendo una perspectiva más equilibrada para superar la ansiedad social?

Ahora, veamos cómo el *mindfulness* también puede ayudar a superar los obstáculos sociales.

Mindfulness para la ansiedad social

Otra técnica para superar los obstáculos sociales es el *mindfulness*. Consiste en permanecer presente y plenamente implicado en el momento actual sin juzgarlo. Se trata de ser conscientes de los pensamientos y sentimientos sin dejarse atrapar por ellos. Puede resultar especialmente útil para controlar los síntomas físicos de la ansiedad social, como el aumento de la frecuencia cardiaca o la sudoración.

Aquí tienes algunos consejos diarios de mindfulness:

- **Respiración consciente**: cuando sientas ansiedad, concéntrate en tu respiración. Respira lenta y profundamente, prestando atención a la sensación del aire que entra y sale de tu cuerpo.
- **Relajación muscular progresiva**: tensa sistemáticamente y luego suelta cada grupo muscular de tu cuerpo. Primero, comienza apretando los puños, luego suéltalos y relájalos. A continuación, pasa a los hombros y recorre cada grupo muscular desde los dedos de los pies hasta la cabeza. Esta actividad es como un botón de reinicio para tu cuerpo, que te ayuda a sentirte más relajado y tranquilo en situaciones sociales.
- **Técnicas de conexión a tierra (Grounding):** cuando estés en un entorno social, conéctate a tierra sintiendo la sensación de tus pies en el suelo. Esto te ayudará a mantenerte presente y conectado con el entorno.
- **Registro de los cinco sentidos**: dedica un momento a cada uno de tus cinco sentidos. Identifica cinco cosas que

puedas ver, cuatro que puedas tocar, tres que puedas oír, dos que puedas oler y una que puedas saborear. Esta actividad atraerá tu atención hacia el momento presente.

- **Anclaje visual:** lleva contigo un objeto pequeño, como una piedra o un llavero, y utilízalo como ancla visual. Cuando te sientas ansioso, sujeta el objeto y concéntrate en sus detalles para conectarte con el presente.

- **Encontrar la belleza en la habitación:** tómate un momento para encontrar algo bonito en la habitación en la que te encuentres. Puede ser una obra de arte, una planta o incluso un juego de luces. Presta atención a los detalles, los colores y las texturas. Déjate absorber por la belleza de ese elemento y utilízalo como punto focal tranquilizador en medio de situaciones sociales.
- **Socialización consciente**: aborda las interacciones sociales con una mentalidad consciente. En lugar de preocuparte por cómo te perciben, céntrate en la experiencia en sí. Participa en la conversación sin juzgar, dejando que se desarrolle con naturalidad.

Echa un vistazo a esta lista y marca con un círculo tres de las que te gustaría empezar a practicar ya mismo. A medida en que las vayas practicando, márcalas. Utiliza tu diario de registro de pensamientos para llevar la cuenta de las actividades de mindfulness que has probado y de cómo te ha ido.

Ten en cuenta que el mindfulness es una habilidad que se desarrolla con la práctica regular a lo largo del tiempo. Incorporar estas actividades a tu rutina diaria puede ayudarte a controlar la ansiedad social y a promover una sensación de calma en todos los entornos sociales.

A medida que sigas practicando la TCC y las técnicas de mindfulness, empezarás a aprender a calmarte y a modificar los pensamientos y acciones que alimentan tus preocupaciones. Tu confianza en las situaciones sociales aumentará a medida que utilices estos métodos de forma sistemática. ¿Y sabes qué es lo mejor de todo? Esta mayor sensación de tranquilidad puede abrirte muchas oportunidades sociales que antes se veían opacadas por el miedo y la ansiedad. ¡Vas por buen camino!

CULTIVAR LA CONFIANZA PARA EL ÉXITO SOCIAL

La confianza en uno mismo es la piedra angular para superar los miedos sociales y facilitar las interacciones con la gente. Es mucho más que sentirse bien con uno mismo; es un elemento clave para desenvolverse en situaciones sociales. La confianza puede transformar nuestra forma de abordar las situaciones sociales, de comunicarnos e incluso de percibir y ser percibidos por los demás.

Como destaco en mi primer libro, *El adolescente seguro de sí mismo,* cuando tienes confianza en ti mismo, te sientes seguro de ti mismo y crees en tus capacidades, incluso ante retos difíciles. También te sientes orgulloso de tu individualidad y tus acciones demuestran que aceptas tus peculiaridades. Pero no se trata de actuar con superioridad. Se trata de decir: "Yo *puedo hacerlo*" y de creerlo de verdad en tu corazón. Pero no termina ahí. La confianza también implica actuar de acuerdo con esa creencia en uno mismo.

Lo más importante que debes recordar sobre la confianza en ti mismo es que es una habilidad que se puede mejorar con la práctica, construyendo una mentalidad basada en la seguridad, sin compararte con los demás (porque todos tenemos talentos únicos) y superando las dudas.

¿Tener confianza en ti mismo significa que nunca volverás a dudar?

No precisamente. La desconfianza en uno mismo siempre encontrará la forma de infiltrarse. Incluso las personas más seguras de sí mismas experimentan miedos e incertidumbres. Tener confianza significa seguir adelante y no permitir que las dudas te impidan vivir la vida y ser la mejor versión de ti mismo.

La historia de Alex

Tienes un amigo, Alex, que sufre de ansiedad social. Hablar en clase o participar en discusiones de grupo es una pesadilla para él. Su miedo a decir algo incorrecto o a que se rían de él es tan intenso que a menudo permanece en silencio, incluso cuando puede hacer aportes valiosos.

Sin embargo, desde que Alex empezó a centrarse en aumentar su confianza en sí mismo, las cosas empezaron a cambiar. Empezó dando pequeños pasos, como participar en debates de grupos más pequeños, y poco a poco fue tomando la palabra delante de la clase. Con cada interacción satisfactoria, aumentaba su confianza y disminuía su ansiedad social.

La experiencia de Alex demuestra que se puede ganar confianza haciendo, poco a poco, lo que más miedo nos da. Aunque no te sientas totalmente seguro de ti mismo, puedes proyectar confianza y demostrar que tienes lo que hay que tener para desenvolverte con soltura en situaciones sociales. En otras palabras, finge hasta que se convierta en realidad.

Nadie nace con confianza en sí mismo. Es una habilidad que se desarrolla con el tiempo. Reconociendo tus puntos fuertes, estableciendo límites y creyendo en ti mismo, puedes adquirir la confianza necesaria para enfrentarte a los miedos sociales y prosperar en entornos sociales como Alex. A medida que avancemos, exploraremos estrategias y ejercicios más específicos que te ayudarán a desarrollar la confianza, transformando tu forma de interactuar con los demás y de verte a ti mismo.

Desarrollar la confianza: Consejos prácticos y estrategias

La confianza es la clave que necesitas para navegar por el complejo mundo de las interacciones sociales. Te abre puertas, te impulsa y te permite vivir sin límites.

Aquí tienes algunas rutinas diarias que te ayudarán a cultivar la confianza. Al igual que con las actividades de autodescubrimiento del capítulo 1, marca con un círculo la actividad que prefieras para empezar, tómate tu tiempo y avanza por la lista a tu propio ritmo.

Rutinas diarias para aumentar la confianza

- **Afirmaciones matutinas**: empieza el día mirándote al espejo y diciendo frases positivas sobre ti mismo. Pega en el espejo notas adhesivas de colores con frases que te empoderen y pronúncialas en voz alta para establecer un clima positivo.

Todo va a
estar
bien.

aReallyGreatSite

- **Verse bien, sentirse bien**: ponte ropa que te haga sentir bien contigo mismo. No se trata de llevar cosas caras. Dedica unos minutos más a arreglarte por las mañanas. Tu aspecto puede influir en tu estado de ánimo y en tu forma de comportarte.
- **Práctica de habilidades sociales**: cada día, desafíate a salir de tu zona de confort con pequeños gestos. Estos pasos pueden consistir en decir lo que piensas en clase, ofrecer ayuda a alguien o hacerte valer cuando pides un café con leche en Starbucks.
- **Practica la gratitud**: anota cada día tres cosas de ti mismo por las que te sientas agradecido. Pueden ser una habilidad, una cualidad o un logro. Cuando era adolescente, odiaba mi acné, pero empecé a apreciar mis preciosos ojos verdes. Mi lista de agradecimientos me recordaba que debía prestar atención a mis rasgos más impresionantes.
- **Mantente activo**: ponte en movimiento con actividades físicas que realmente te gusten. El ejercicio no solo sirve para mantenerse en forma, sino también para levantar el ánimo. Al hacer ejercicio, se liberan unas hormonas de la felicidad llamadas endorfinas, que te harán sentir estupendamente.

- **Lenguaje corporal seguro:** presta atención a tu lenguaje corporal. Aunque te sientas inseguro, nadie tiene por qué saberlo. Mantén una buena postura, haz contacto visual y utiliza gestos abiertos. Un lenguaje corporal seguro envía señales positivas al cerebro y refuerza la confianza en uno mismo.

Cómo influye la confianza en uno mismo en la imagen que los demás tienen de uno

¿Sabías que tu forma de presentarte dice mucho? La forma en que te comportas y actúas es un reflejo directo de cómo te ve la gente. La forma en que te pones de pie, estableces contacto visual e incluso en la que hablas, puede revelar la confianza que tienes en ti mismo. ¿Y adivina qué? Cuando muestras esa confianza, la gente piensa que eres capaz, digno de respeto y fácil de tratar. ¿Quién no desearía tener ese tipo de magia?

Quienes expresan sus ideas con confianza tienden a ser más influyentes en los grupos. Su confianza puede hacer que sus ideas sean más persuasivas e incluso elevar su posición social dentro del grupo.

La confianza en uno mismo no consiste en ser la voz más fuerte de la sala; es la seguridad silenciosa de que uno es capaz y digno de respeto. Esta seguridad es a menudo más convincente que las meras palabras; es un lenguaje que habla a través de las acciones y la conducta.

Desarrollar la confianza en uno mismo es un viaje que implica cambiar la forma de pensar, actuar y percibirse. Si conviertes esas rutinas de confianza en un hábito diario y recuerdas el impacto que tiene la confianza en cómo te ven los demás, poco a poco irás construyendo una base sólida de seguridad en ti mismo. Esta confianza te ayudará a superar los retos sociales y te permitirá mostrar tu verdadera esencia al mundo.

El papel de los factores externos en la ansiedad social

Padecer ansiedad social no tiene que ver solo con lo que te pasa por la cabeza; gran parte de ella proviene de lo que ocurre a tu alrededor. Los factores externos, como las redes sociales y la presión de grupo, desempeñan un papel importante a la hora de hacer que los adolescentes se sientan ansiosos en situaciones sociales. Reconocer cómo te afectan estas influencias externas es el primer paso para liberarte de su control.

El impacto de las redes sociales

El auge de las redes sociales ha traído consigo nuevos retos, especialmente para los adolescentes. Plataformas como *Instagram*, *Snapchat* y *TikTok* son algo más que espacios para compartir fotos y vídeos: se han convertido en escenarios de comparación social. Ver publicaciones en las que nuestros pares viven vidas aparentemente perfectas puede amplificar los sentimientos de exclusión y soledad. Mirar este tipo de publicaciones sin parar puede distorsionar tu idea de lo que es normal en situaciones sociales, haciéndote sentir aún peor.

Por ejemplo, ¿alguna vez has recorrido las redes sociales y te has encontrado con la impresionante caminata de un amigo por un frondoso bosque, con su radiante alegría, haciéndote preguntar por qué tu vida no parece tan aventurera? Duele, ¿verdad? Las redes sociales son capaces de provocar este tipo de inseguridades. En esta era de fotos perfectas, es natural compararse con los demás. Pero recuerda que esas publicaciones están cuidadosamente elaboradas y solo captan una parte de la historia completa.

· · ·

Presión de grupo

La presión de grupo es una fuerza extremadamente poderosa durante la adolescencia. Ese deseo de encajar y ser aceptado por tus compañeros puede empujarte a hacer cosas con las que no estás de acuerdo. Incluso puede hacer que evites situaciones por completo porque te preocupa lo que pensarán tus amigos. Esta presión puede hacer que te sientas aún más aislado y que aumente tu ansiedad cuando estás en entornos sociales.

Es como si existiera un reglamento implícito y todo el mundo intentara seguirlo. El miedo a destacar o a ser juzgado puede ser intenso y empujarte a seguir a la multitud, aunque te parezca mal. Y cuando no sigues al grupo, esa preocupación por ser "el raro" puede ser abrumadora. Es importante recordar que está bien hacer caso a tus instintos y hacer lo que es mejor para ti. No te preocupes; los amigos auténticos respetarán tus decisiones, mientras que los otros pueden desaparecer de forma natural. En las siguientes páginas, te mostraré exactamente cómo aligerar la carga de la presión de grupo.

Minimizando el impacto de los factores externos

Aunque no siempre podemos controlar los factores externos que contribuyen a la ansiedad social, podemos tomar medidas para minimizar su impacto en nuestras vidas. Aquí tienes algunos consejos prácticos para controlar estas influencias externas:

Libérate del control de las redes sociales

Las redes sociales pueden ser un arma de doble filo. Ofrecen oportunidades de conexión y expresión, pero también pueden ser fuente de ansiedad. Es imprescindible establecer límites; aquí van algunos consejos:

- Limita tu tiempo en las plataformas sociales y designa momentos específicos del día para utilizarlas.
- Evita navegar por las redes sociales justo antes de acostarte o a primera hora de la mañana. En esos momentos tu mente es más influenciable.
- Selecciona a quién sigues. Elige seguir cuentas que te inspiren y te eleven en lugar de aquellas que alimentan la comparación y la insuficiencia.

Ten en cuenta que las redes sociales solo nos ofrecen una imagen pulida de la vida, que dista mucho de la realidad. Mirar esas fotos perfectamente filtradas y esas publicaciones glamorosas casi siempre te hará dudar de ti mismo. No te dejes engañar por la apariencia impecable de las redes sociales. Detrás de esas imágenes hay personas reales con sus propios retos y dudas. Comparar tu vida con estas imágenes idealizadas es injusto para ti. Recuerda que esas publicaciones son solo una pequeña parte de su historia real.

En lugar de caer en la trampa de la comparación, cambia de mentalidad. Celebra lo que te hace único: tus talentos, pasiones y experiencias. La vida no consiste en ver quién es mejor que quién, sino en aceptar tu propio crecimiento, progreso e individualidad.

Libérate de la presión de grupo

Una sólida red de apoyo formada por amigos y familiares que te cubran las espaldas, pase lo que pase, puede ayudarte a superar el estrés causado por la presión de grupo. Contar con personas que se preocupan por ti y te apoyan incondicionalmente te dará un espacio seguro para expresar tus sentimientos y temores. La comunicación abierta dentro de este círculo puede ayudar a abordar los problemas antes de que se agraven. Aquí tienes algunos pasos a seguir para construir y mantener una sólida red de apoyo:

- **Identifica tu círculo de apoyo**: piensa en las personas de tu vida que te hacen sentir escuchado y comprendido. Pueden ser familiares, amigos, profesores o mentores.
- **Cultiva la comunicación abierta**: fomenta conversaciones sinceras y abiertas dentro de este grupo. Comparte tus pensamientos y sentimientos y ponte a disposición para escuchar a los demás.
- **Busca perspectivas diversas**: contar con diversos puntos de vista en tu red de apoyo puede ayudarte a ver diferentes aspectos de una situación, lo que facilita la búsqueda de soluciones equilibradas a los problemas.
- **Controles periódicos:** mantente en contacto con tu red de apoyo con regularidad. Ya sea por mensaje de texto o una llamada, mantener estas interacciones puede reforzar tus vínculos y garantizar un apoyo continuo.

———

Una vez superados los miedos y las ansiedades, estarás mejor preparado para la siguiente parte de nuestro viaje: entablar conversaciones.

Las conversaciones son los puentes que nos unen como seres humanos. Son las herramientas a través de las cuales compartimos ideas, expresamos sentimientos y construimos relaciones. Pero, ¿cómo hacer que estas interacciones no solo sean posibles, sino también agradables y satisfactorias?

En el próximo capítulo exploraremos los matices de las habilidades de conversación. Aprenderás a iniciar y mantener conversaciones, el arte de escuchar y a expresarte con claridad y seguridad. Estas habilidades son vitales para crear vínculos significativos con los demás.

Al igual que la superación de los miedos sociales, dominar las habilidades de conversación requiere paciencia y práctica. Irás construyendo sobre los cimientos establecidos y ampliando tus herramientas sociales. Con cada paso, descubrirás que las conversaciones son menos desalentadoras y más agradables.

Preparémonos para perfeccionar nuestras habilidades de conversación y hacer que las interacciones sociales dejen de ser experiencias angustiosas para convertirse en realidades agradables.

CAPÍTULO 3
CONSTRUIR CONVERSACIONES SEGURAS (C)

> "El arte de la conversación es el arte de escuchar y de ser escuchado". - William Hazlitt

Las conversaciones pueden ser complicadas, ¿verdad? A veces, quieres hablar, pero no sabes qué decir. Te quedas sin palabras o no sabes qué contestar. Otras veces, puede que estés hablando, pero sientes que nadie te escucha. O puede que estés escuchando, pero no encuentres el momento adecuado para intervenir: ¿te suena? Pues no estás solo. En algún momento, todo el mundo se enfrenta a estos obstáculos.

En este capítulo descubrirás cómo iniciar una conversación, mantener el interés y dejar una impresión positiva, sin dejar de ser fiel a ti mismo. También aprenderás a saber escuchar, una habilidad tan importante como hablar. Al fin y al cabo, las conversaciones son cosa de dos.

Estás a punto de descubrir los secretos para convertir los silencios incómodos en oportunidades, transformar el nerviosismo en confianza y hacer que cada charla sea agradable. Conversar no solo consiste en hablar; es conectar, comprender y ser comprendido. Convirtamos esos momentos incómodos en historias de triunfo, conversación a conversación.

SENTANDO LAS BASES PARA UNA GRAN CONVERSACIÓN

Conversar con alguien es estupendo cuando la conversación fluye con naturalidad y nos sentimos escuchados y comprendidos. Por desgracia, hay veces en que las conversaciones pueden parecer un camino lleno de baches, que nos hacen sentir inseguros o incluso un poco frustrados. Entonces, ¿qué diferencia una buena conversación de una no tan buena? Veámoslo con más detalle.

Buenas conversaciones

Piensa en alguna ocasión en la que hayas tenido una buena charla. Quizá ambos perdieron la noción del tiempo porque estaban muy concentrados; esa es la magia de una buena conversación. En estas interacciones, ambas personas escuchan con atención, mostrando un interés genuino por las palabras del otro. Es como una danza rítmica de diálogo, en la que los pensamientos y las ideas fluyen a la perfección entre ambas personas, creando un intercambio enriquecedor.

En estas conversaciones no se trata solo de hablar, sino de conectar. Te sientes cómodo y con ganas de compartir tus pensamientos porque sabes que la otra persona te está escuchando de verdad. Puede que te hagan preguntas para demostrar que se interesan por ti o que compartan algo contigo, generando así un vínculo. Es un intercambio en el que ambas personas aportan y respetan sus puntos de vista, aunque difieran.

Malas conversaciones

Ahora pasemos a esas conversaciones que no son tan productivas. Imagina que hablas con alguien que parece más interesado en su teléfono que en lo que dices. O tal vez no puedes decir ni una palabra porque no para de hablar por encima de ti. Estos son signos de una conversación improductiva.

En las malas conversaciones, una persona puede dominar la charla y hacer que la otra se sienta más espectadora que participante. A veces, parece que ni siquiera están teniendo la misma conversación. Pueden estar hablando de sus planes para el fin de semana y, de repente, la otra persona cambia de tema. Este cambio es frustrante y te hace sentir infravalorado.

Convirtiendo lo malo en bueno: Evita los errores comunes

¿Cómo convertir una conversación potencialmente horrible en una buena? La clave está en identificar los escollos de la conversación y aprender a evitarlos.

Reconocimiento de errores comunes en la conversación

- **Interrumpir**: interrumpir a alguien en mitad de una frase es un error frecuente. Puede hacer que la otra persona se sienta infravalorada y frustrada. Interrumpe la fluidez de la conversación e incluso puede arruinar la oportunidad de hacer nuevos amigos.

- **Compartir en exceso**: compartir demasiada información, sobre todo detalles personales, puede incomodar a los demás. Es importante calibrar la situación y tu nivel de intimidad con la otra persona.

- **No escuchar:** no escuchar con atención es un error frecuente. A veces estamos tan concentrados en lo que queremos decir a continuación que no escuchamos lo que la otra persona está diciendo.
- **Dominar la conversación:** acaparar el centro de atención y no permitir que los demás intervengan puede hacer que la conversación sea unilateral. Una buena conversación es un intercambio equilibrado de ideas.

Soluciones para los errores de conversación

Para las interrupciones:

- **Hacer una pausa antes de responder:** entrénate para esperar unos segundos a que la otra persona termine de hablar antes de empezar tú.
- **Reconocer si interrumpes:** si te sorprendes interrumpiendo, discúlpate y anima a la otra persona a continuar.

Por compartir en exceso:

- **Interpretar el ambiente**: mide el nivel de comodidad de la otra persona. Comparte detalles personales solo cuando sea apropiado.
- **Equilibrio al compartir**: asegúrate de que el intercambio sea mutuo. Si estás dominando la conversación, da un paso atrás y anima a la otra persona a compartir.

Por no escuchar:

- **Prestar total atención:** concéntrate plenamente en el orador, asintiendo con la cabeza y haciendo afirmaciones verbales.
- **Reflejar:** parafrasea o resume lo que ha dicho la otra persona para demostrar que la has escuchado.

Por dominar la conversación:

- **Formular preguntas abiertas:** anima a la otra persona a hablar más haciendo preguntas que requieran algo más que un *sí* o un *no* por respuesta.
- **Ser consciente del tiempo que pasas hablando:** intenta mantener una conversación equilibrada en la que ambas partes tengan más o menos el mismo tiempo para hablar.

Ejemplos reales de errores en la conversación

Mike, el que interrumpe

Imagina que tienes un amigo llamado Mike. Estás compartiendo una experiencia de juego absolutamente hilarante con el resto de tus amigos.

La sala se llena de carcajadas cuando empiezas a contar el momento épico en el que tu personaje ha hecho una hazaña increíble que ha provocado que todo el mundo se ría a carcajadas.

Sin embargo, cada vez que empiezas a hablar, Mike salta con sus propias historias y te interrumpe. Es molesto y da la sensación de que no te está escuchando. Justo cuando estás a punto de soltar el chiste de tu victoria en el juego, Mike interrumpe con entusiasmo: "¡Espera, no van a creer lo que me pasó anoche!". Te sientes irritado y te preguntas si alguna vez podrás terminar de contar tu historia.

Clio, la controladora de conversaciones

Imagínate pasando el rato en el centro comercial con tus amigos, donde Clio, con su atrevida personalidad, ocupa el centro de la atención como controladora de la conversación. Deseoso de compartir tus últimas obsesiones, te resulta difícil porque Clio domina la conversación, narrando sin parar sus aventuras del fin de semana. Aunque sus historias son sin duda interesantes, deja poco espacio para que los demás contribuyan a la conversación.

La entusiasta narración de Clio se convierte en el centro de atención, eclipsando tus intentos de compartir tus intereses con el grupo. Su atrevimiento al acaparar la conversación crea un ambiente en el que los demás luchan por encontrar huecos para participar. La emoción de hablar de tus propias pasiones en el centro comercial pasa a un segundo plano cuando las escapadas de fin de semana de Clio se convierten en el acontecimiento principal, lo que te hace preguntarte si todos tienen la oportunidad de participar en la conversación.

En ambas situaciones, estos errores en la conversación (interrumpir y dominar) dificultan que todos conecten y compartan sus ideas. Es un recordatorio de que una buena comunicación no solo significa hablar, sino también dar espacio a las voces de todos.

· · ·

Lista de verificación para conversaciones

Para ayudar a evitar estos errores comunes, aquí tienes una lista de verificación para la autoevaluación:

- ¿He escuchado más de lo que he hablado?
- ¿Fui consciente de no interrumpir a la otra persona?
- ¿He mantenido un lenguaje corporal positivo?
- ¿He equilibrado adecuadamente el intercambio de información personal?
- ¿Estuve atento al nivel de comodidad y a las reacciones de la otra persona?

Si eres consciente de estos errores comunes y trabajas activamente para evitarlos, las conversaciones pueden transformarse en intercambios significativos. Cada interacción es una oportunidad para practicar y mejorar. Cada vez lo harás mejor, garantizando una transición fluida de un tema a otro y manteniendo un diálogo atractivo y dinámico.

Ahora que ya sabemos cómo evitar los errores de conversación, estamos preparados para profundizar en lo más importante de una buena conversación: *la empatía*.

Abrazando la empatía

El poder de la empatía en la conversación

Las conversaciones significativas giran en torno a la empatía, que consiste en comprender la perspectiva de otra persona. Escuchar con empatía implica oír de verdad lo que dice la otra persona, tanto en palabras como en emociones. Te pones en su lugar, aunque solo sea por un momento.

La empatía transforma las conversaciones de meros intercambios de palabras a conexiones más profundas. No se trata solo de entender las palabras de la otra persona, sino también sus sentimientos, pensamientos y experiencias. Esto no significa que tengas que estar de acuerdo con todo lo que dice, sino que comprendes de dónde proviene.

La incorporación de la empatía a las conversaciones implica algunas prácticas esenciales:

- **Respetar los diferentes puntos de vista sin juzgar:** sé receptivo a los distintos puntos de vista. Reconoce la perspectiva y las experiencias únicas del orador sin formarte juicios mentales.
- **Demuestra que te importa:** la verdadera empatía va más allá de las palabras. Ofrecer apoyo o expresar la voluntad de ayudar cuando alguien se enfrenta a dificultades.
- **Reconocer sus sentimientos:** reconoce las emociones que hay detrás de las palabras. Un simple "*Eso suena muy difícil*" puede ayudar mucho.

La empatía no es solo una habilidad, es un don. Nos permite conectar con los demás a un nivel más profundo, construyendo relaciones más sólidas y significativas. Al aprender a comunicarnos con empatía, superamos barreras y enriquecemos nuestras interacciones, haciendo que cada conversación cuente.

Mientras seguimos explorando los matices de la comunicación, las próximas secciones explorarán ejercicios prácticos y técnicas para mejorar estas habilidades. Convertirse en un comunicador experto es un viaje permanente; cada paso nos acerca a conexiones más profundas y satisfactorias.

El arte de escuchar

Cuando se trata de conversaciones, escuchar tiene tanto poder como hablar, o incluso más. Escuchar es la parte silenciosa del diálogo que convierte un intercambio ordinario en una interacción significativa. Esta sección explora el arte de escuchar, una habilidad esencial para cualquiera que aspire a destacar en la comunicación.

La escucha activa es algo más que oír las palabras: consiste en sintonizar y conectar con lo que alguien dice. Saber escuchar significa prestar toda tu atención, mostrar interés y responder de forma que la otra persona sepa que entiendes lo que quiere decir. No solo es una habilidad comunicativa útil, sino que puede ayudarte a resolver problemas y a reforzar tus vínculos con los demás. Así que, la próxima vez que hables con alguien, intenta prestarle toda tu atención y hazle saber que estás en la misma sintonía: puedes marcar una gran diferencia.

¿Listo para intentarlo? Prueba estas técnicas.

Técnicas de escucha activa

- **Parafraseo:** *parafrasear consiste en resumir lo que alguien está diciendo con tus propias palabras. Cuando parafraseas, te aseguras de que has entendido al interlocutor y demuestras que le estás escuchando. Por ejemplo, si tu amigo dice: "Ya estoy harto del drama constante en nuestro grupo, ¿sabes?". Podrías decir: "Entonces, lo que quieres decir es que estás totalmente harto de todas las peleas que hay entre nuestros amigos, ¿verdad?".*
- **Manteniéndote presente:** mantenerse en el momento presente significa volver a la conversación una y otra vez. A los seres humanos nos gusta divagar. Empieza por eliminar distracciones como el teléfono. Aunque estés escuchando, tener el teléfono cerca transmite el mensaje de que no estás totalmente concentrado. Prepárate para una buena escucha activa, eliminando posibles interrupciones y prestando toda tu atención a la persona.

- **Hacer preguntas:** una forma clave de mantener el interés es formulando preguntas. Puede ser reflexionando sobre lo que alguien ha dicho para asegurarte de que lo has entendido, pidiéndole más explicaciones sobre algo o averiguando qué opina sobre lo que está hablando. Cuando haces preguntas, le demuestras a la otra persona que no solo la estás escuchando, sino que la estás entendiendo de verdad. En la siguiente sección encontrarás más información al respecto.

- **Olvídate de tu respuesta:** a muchas personas les cuesta permanecer en el momento presente porque están demasiado ocupadas pensando qué dirán a continuación. Saber escuchar significa liberarse de la presión de tener que dar una respuesta significativa. Si estás pensando en lo que vas a decir, no estás escuchando. Esta parte puede ser complicada, sobre todo porque pensar en la respuesta suele estar relacionado con la ansiedad. Pero si consigues acallar esa voz interior, le dirás a la otra persona que estás abierto a aprender, no solo a presumir de lo que ya sabes.

Saber escuchar puede cambiar las reglas del juego en varios aspectos de la vida. En las relaciones personales, la escucha activa fomenta conexiones más profundas y genera confianza. En los conflictos, puede ser la clave para encontrar puntos en común y resolver los problemas. Al escuchar de verdad, se demuestra empatía y respeto, lo que puede transformar las interacciones y crear vínculos más fuertes.

La leyenda del Sr. Noodleman

No puedo olvidar el increíble impacto que tuvo en mí mi profesor de Biología de secundaria, el Sr. Noodleman. Cuando estaba estresada por el examen final y sentía que nadie entendía por lo que estaba pasando, decidí pasarme por el despacho del Sr. Noodleman durante su horario de consulta.

Esperaba consejos genéricos como "Presta más atención en clase" o "Necesitas un tutor", pero el Sr. Noodleman me sorprendió. Sintonizó, se inclinó, asintió y escuchó sin juzgar. Resumió mis preocupaciones para demostrar que me escuchaba y entendía mi planteo.

Este extraordinario profesor me hizo sentir respetada, escuchada y atendida. Me ofreció apoyo y me dijo que estaría ahí siempre que necesitara su ayuda. Al final de nuestra charla, se me llenaron los ojos de lágrimas de alivio porque nadie me había dedicado nunca ese tipo de tiempo, cariño y atención.

El enfoque del Sr. Noodleman iba más allá de las notas; comprendía los retos de la vida en secundaria. Sentirme reconfortada y comprendida en ese momento me demostró lo mucho que le importaba de verdad, y eso me quedó grabado.

Reflexionando sobre mi encuentro con este increíble profesor, queda claro lo importante que puede ser la empatía, la escucha activa y el perfeccionamiento de las habilidades de conversación para influir en la vida de una persona.

Mientras seguimos explorando, recuerda que el arte de escuchar es un viaje, no un destino. Es una habilidad que puede perfeccionarse y mejorarse continuamente. Al practicar la escucha activa, no solo te conviertes en un mejor comunicador, sino también en un mejor amigo, estudiante y persona. En las próximas secciones, nos centraremos en los aspectos más específicos de la comunicación, partiendo de la base de las preguntas, el lenguaje corporal y las primeras impresiones.

El arte de las preguntas abiertas

Las conversaciones no consisten solo en compartir historias o hechos, sino también en formular preguntas que abran nuevas vías de diálogo. Dominar el arte de preguntar, sobre todo las preguntas abiertas, es una habilidad que aumenta la profundidad y la calidad de las conversaciones. La clave está en encontrar un equilibrio entre preguntar y escuchar, de modo que no parezca que solo estás lanzando preguntas a la otra persona. Utilizar esta técnica es un arte que crea espacio para intercambios de ideas significativos.

Lo bueno de las preguntas abiertas es que no pueden responderse con un simple "sí" o "no". Requieren una respuesta más detallada y animan a los demás a compartir sus pensamientos y sentimientos. Este tipo de preguntas son la clave para entablar conversaciones interesantes y profundas.

Cómo formular las preguntas

El secreto para formular preguntas abiertas eficaces reside en cómo las enmarcas. Empieza tus preguntas con "*qué*", "*cómo*", "*por qué*" o "*háblame de...*". En lugar de preguntar: "¿Te ha gustado la película?", prueba preguntando: "*¿Qué te ha parecido la película?*". Esto fomenta una respuesta más detallada y abre la puerta a una conversación más enriquecedora.

Timing y adecuación

Saber cuándo hacer una pregunta es tan importante como saber qué preguntar. El ritmo de las preguntas debe fluir con naturalidad en la conversación. Debes percibir el momento adecuado para profundizar o cambiar de tema. Si tu amigo te cuenta con entusiasmo acerca de un viaje reciente, espera el momento adecuado para preguntarle: "*¿Cuál fue la parte más sorprendente?*". El timing se logra con la práctica, así que no te preocupes: se volverá más intuitivo a medida que mantengas más conversaciones.

También es importante tener en cuenta el contexto y el estado de ánimo de la conversación. Si la otra persona parece indecisa o incómoda, puede que no sea el momento de seguir indagando. Respeta sus límites y dirige la conversación hacia un tema más ligero.

Guiar las conversaciones

Formular la pregunta adecuada en el momento oportuno puede orientar suavemente el rumbo de la conversación. Es como estar al timón de un barco, navegando por las aguas del diálogo. Las preguntas abiertas pueden descubrir intereses u opiniones compartidos, generando una conversación conectada y atractiva.

Cuando descubres un interés común a través de tus preguntas, es como si te tocara la lotería. Este punto en común hace que la conversación sea más amena y ayuda a establecer una buena relación con la otra persona. Por ejemplo, descubrir que a los dos les gusta un deporte o una afición en particular puede llevar la conversación a un nuevo nivel de entusiasmo y compromiso.

La práctica hace al maestro

Veamos cómo se desarrollan en la vida real las preguntas abiertas. Supongamos que te gusta la fotografía. Estás sentado al lado de alguien a quien también le gusta la fotografía. En lugar de preocuparte por lo que vas a decir, utilizas las técnicas que acabas de aprender para formular tus preguntas y dirigir la conversación hacia un diálogo abierto, significativo y atractivo.

Tú: *Escuché que asististe a ese taller de fotografía el fin de semana pasado. ¿Cómo te fue?*

Ellos: *¡Fue fantástico! Aprendí nuevas técnicas y experimenté con diferentes estilos.*

Tú: *¡Genial! ¿Qué técnicas te han resultado más útiles?*

Ellos: *Bueno, nos enseñaron a hacer tomas de larga exposición, y nunca me había dado cuenta de lo fascinante y creativo que podía ser.*

Tú: *Las tomas de larga exposición pueden producir efectos realmente espectaculares. ¿Tienes algún tema o escena preferida con el que hayas probado las nuevas técnicas?*

Ellos: *Por supuesto. Había un viejo puente cerca del lugar donde se celebraba el taller y pasé mucho tiempo experimentando con tomas de larga exposición del agua que corría por debajo.*

Tú: *¡Buena elección! Los puentes pueden ofrecer unas vistas increíbles, ¿verdad? ¿Qué te llamó la atención de la corriente de agua?*

Ellos: *Fue el juego de luces y sombras sobre el agua lo que la hizo cautivadora. La larga exposición creó un efecto increíble, casi onírico.*

Tú: *¡Suena mágico! Parece que la pasaste genial en el taller.*

¿Ves cómo fluye esta conversación? No hay mejor manera de mejorar tus habilidades de conversación que practicar las preguntas abiertas en el mundo real. Aquí tienes algunas formas de mejorar tus habilidades.

- **Practicar con diferentes personas:** dedica un tiempo diario a hacerle a alguien una pregunta abierta. Puede ser a un familiar, un amigo o un compañero de clase. Observa cómo estas preguntas cambian la naturaleza de tus conversaciones.
- **Practicar en diferentes entornos:** prueba formular preguntas abiertas en distintos contextos, como un grupo, una conversación individual o una clase formal. Este proceso te ayudará a comprender cómo varían las técnicas de formulación de preguntas en función del contexto.
- **Reflexionar sobre tus preguntas:** después de una conversación, reflexiona sobre las preguntas que hiciste.

¿Eran abiertas? ¿Contribuyeron a la fluidez de la conversación? Reflexionar sobre tus técnicas de formulación de preguntas te ayudará a mejorar.

Dominar el arte de preguntar es un viaje que enriquecerá tus conversaciones y relaciones. Debes ser curioso, respetuoso y atento. A medida que continúes practicando y perfeccionando tus habilidades de preguntar, te darás cuenta de que tus conversaciones se vuelven más significativas y gratificantes.

A continuación, exploraremos cómo interpretar y utilizar las señales no verbales, añadiendo otra capa a tu caja de herramientas de habilidades comunicativas.

El lenguaje no hablado

En una conversación, nuestras palabras son solo una parte de la historia. La otra mitad son las señales no verbales, a menudo más importantes que el lenguaje hablado. Esta forma silenciosa de comunicación puede decir mucho, revelando a menudo nuestros verdaderos sentimientos e intenciones.

Comprendiendo la comunicación no verbal

Las señales no verbales incluyen varios elementos, desde las expresiones faciales y el contacto visual hasta la postura corporal y los gestos. Estas señales pueden complementar, reforzar o contradecir lo que decimos verbalmente. Dominar el arte de la comunicación no verbal es fundamental para entender y hacerse entender en las interacciones cotidianas. Veamos los diferentes tipos de comunicación no verbal y cómo podemos interpretarlos.

Tipos de comunicación no verbal

- **Expresiones faciales:** el rostro humano es extremadamente expresivo y puede mostrar innumerables emociones sin decir una palabra. Felicidad, tristeza, enfado, sorpresa... cada emoción está escrita en nuestro rostro. Aprender a leer estas expresiones puede ayudarnos a comprender cómo se siente una persona.
- **Contacto visual:** los ojos pueden transmitir una serie de emociones e intenciones. El contacto visual directo puede indicar interés, atención o atracción, mientras que la falta de contacto visual puede sugerir incomodidad o evasión. La forma en que alguien te mira o evita tu mirada puede ser una señal no verbal importante.
- **Postura corporal y gestos:** la forma en que nos sentamos, estamos de pie y nos movemos, dice mucho de nuestra actitud y nuestras emociones. Las posturas corporales abiertas, como mantener los brazos abiertos, indican que te sientes cómodo y a gusto. En cambio, las posturas cerradas, como los brazos cruzados, pueden significar que te sientes a la defensiva o fuera de tu zona de confort. Los gestos también desempeñan un papel importante en la comunicación. Asentir con la cabeza es como decir: *"Sí, estoy contigo"*, mientras que encogerse de hombros es un movimiento que significa: *"Me da igual"*.

Consejos para interpretar las señales no verbales

- **El contexto importa:** al leer las señales no verbales, hay que sintonizar con el contexto de la situación (lo que está pasando) y con la persona (con quién se está tratando). Por ejemplo, ¿qué acontecimientos recientes o experiencias personales ha vivido? Saber lo que está ocurriendo en su vida te ayudará a entenderla mejor.
- **Buscar tendencias:** un solo gesto o expresión puede no significar mucho, pero una serie de indicios puede dar una idea más clara. Por ejemplo, si un amigo se sienta siempre con los brazos cruzados, podría tratarse simplemente de una postura cómoda para él. Sin embargo, podría significar que está a la defensiva si esa no es una tendencia que veas habitualmente.
- **Considerar las diferencias culturales:** la comunicación no verbal puede variar mucho de una cultura a otra. Lo que se considera educado en una cultura puede ser grosero en otra. Por ejemplo, en muchas culturas occidentales se suele levantar el pulgar para expresar aprobación o acuerdo. Sin embargo, en algunas culturas de Oriente Medio y Asia, levantar el pulgar puede interpretarse como una ofensa o una falta de respeto.

Leer e interpretar las señales no verbales requiere sensibilidad y una cuidadosa observación. Captar estas señales es fundamental para una comunicación fluida y para conectar con los demás a nivel personal. Al practicar estas habilidades, las conversaciones se vuelven más matizadas y se profundiza en la comprensión de los demás. En la próxima sección, nos centraremos en cómo hacer que la primera impresión cuente.

Dominando las primeras impresiones

Cuando se conoce a alguien, la primera impresión es muy poderosa. Es como una foto rápida que alguien se hace de ti en su mente a los pocos segundos de la presentación. En este capítulo nos adentraremos en los pormenores de la primera impresión y te daremos consejos prácticos sobre cómo causar una buena primera impresión.

La primera impresión se produce rápidamente y depende de factores como el aspecto, el porte e incluso los sonidos. Son juicios rápidos que se hacen sin pensar y que preparan el terreno para lo que venga después. Son importantes porque sientan las bases de cualquier relación, ya sea frente a nuevos amigos o compañeros de trabajo.

Por qué es importante la primera impresión

Una buena primera impresión puede abrir las puertas a nuevas oportunidades y relaciones. Puede influir en la forma en que los demás perciben tu fiabilidad, competencia y simpatía. Por otro lado, una mala primera impresión puede ser difícil de revertir y puede hacer que se pierdan oportunidades. Causar una primera impresión positiva no consiste en fingir, sino en presentar la mejor y más auténtica versión de uno mismo. Aquí tienes algunos consejos que te ayudarán a conseguirlo:

- **La apariencia importa:** vístete adecuadamente para la ocasión. La ropa no tiene por qué ser extravagante, pero debe estar cuidada y arreglada. Con un atuendo adecuado, mostrarás respeto por ti mismo y por la situación.
- **Una sonrisa cálida y genuina:** la gente suele ver la sonrisa como un signo de amabilidad. Una sonrisa genuina puede hacerte parecer cercano y abierto. Ayuda a calmar tus nervios y los de los demás.

- **Lenguaje corporal seguro:** mantente erguido, mira a los ojos y da un apretón de manos firme (cuando sea culturalmente apropiado): estas señales no verbales proyectan confianza y franqueza.
- **Conversación positiva y atractiva:** comienza con temas ligeros y positivos. Este método establece un tono cómodo para la interacción. Consulta el Capítulo 4 para conocer algunos maravillosos rompehielos.
- **Prestar atención al tono de voz:** Tu tono de voz puede transmitir confianza, calidez y entusiasmo. Presta atención no solo a *lo que dices*, sino también a *cómo lo dices*.

Para causar una buena primera impresión hay que combinar una actitud ganadora con unas sólidas habilidades de comunicación. Al dominar la primera impresión, cada nuevo encuentro se convertirá en una oportunidad para brillar.

———

Ahora que ya conocemos los fundamentos de la conversación, es hora de subir de nivel. En el próximo capítulo, te mostraré cómo dar ese aterrador primer paso, acercarte a alguien e iniciar una conversación. No te preocupes, te daré un montón de ejercicios para romper el hielo y entablar una conversación, para que sepas exactamente qué decir. Y después de conectar con alguien, te enseñaré cómo convertir esas breves interacciones en amistades duraderas.

CAPÍTULO 4
INICIAR
INTERACCIONES (I)

> "Puedes hacer más amigos en dos meses mostrando interés en otras personas que lo que conseguirás en dos años intentando que se interesen ellos por ti". - Dale Carnegie

Esta icónica cita resume el núcleo de nuestra exploración en este capítulo: *iniciar conversaciones significativas.*

Seamos realistas: todos hemos estado alguna vez en esa situación en la que ves a alguien con quien te encantaría charlar, pero no sabes cómo empezar. Como sugiere Dale Carnegie, el secreto está en interesarse de verdad por la otra persona. Si alguna vez te preguntas cómo romper el hielo, recuerda que se trata de mostrar verdadera curiosidad y establecer conexiones.

Iniciar interacciones con otras personas es como tirarse a la piscina. Al principio puede dar miedo, pero una vez que estás dentro y te has limpiado el agua fría de los ojos, te das cuenta de lo divertido que puede ser. ¿Y sabes qué es lo mejor? Estás a punto de convertirte en un profesional a la hora de iniciar conversaciones. Este capítulo no solo trata de hablar con los demás, sino de hacer que la gente se sienta a gusto a tu alrededor. Crear esa atmósfera positiva es el secreto para iniciar y construir relaciones duraderas.

Lo primero es lo primero: hablemos de romper el hielo. ¿Alguna vez te has sentido perplejo sobre qué decir después del "*hola*" inicial? A todos nos ha pasado. El secreto está en encontrar la manera perfecta de romper el hielo sin que resulte forzado. ¿Y adivina qué? Es más fácil de encontrar de lo que imaginas. Exploraremos diferentes formas de iniciar conversaciones que resulten naturales y dejen una impresión duradera.

Pero, ¿y los chats en línea? Aquí también te ayudaré. Iniciar una conversación en las redes sociales o a través de mensajes de texto puede ser muy distinto. Te daré consejos para elaborar mensajes que llamen la atención sin perderte en el mar de mensajes de texto.

Ten en cuenta que no se trata solo de iniciar una conversación, sino de mantenerla. Descubrirás cómo convertir las conversaciones triviales en significativas y hacer que la otra persona quiera seguir conversando contigo. Estas habilidades incluyen preguntas de seguimiento, mostrar interés genuino y encontrar puntos en común.

Cómo acercarse a las personas

Acercarse a alguien nuevo e iniciar una conversación puede parecer lo más difícil del mundo. Pero aquí está el asunto: es el paso más crucial para formar amistades. ¿Por qué? Porque toda amistad empieza con un simple "*Hola*".

A muchos nos pone nerviosos hablar con alguien nuevo. Por tu mente pueden pasar pensamientos como: "*Voy a echar todo a perder*" o "¡*Van a pensar que soy idiota*!". Estos temores son típicos, pero no siempre ciertos. La mayoría de la gente estaría encantada de conversar y tan deseosa como tú de hacer un nuevo amigo.

Entonces, ¿cómo acercarse a alguien por primera vez? Es más fácil de lo que imaginas. Aquí tienes unos sencillos pasos a seguir:

1. Encontrar el momento adecuado: busca un momento en el que la persona no esté ocupada o con prisa. Puede ser durante la comida, en el centro educativo, en un acto comunitario o en la cola de un comercio.

2. Empezar con una sonrisa: una sonrisa cálida es un signo universal de simpatía. Demuestra que eres cercano y amable.

3. **Utiliza un saludo sencillo:** empieza con un básico *"Hola, soy [tu nombre]"* o *"Hola, ¿qué tal?"* Es sencillo pero eficaz.

4. Escuchar activamente: cuando te respondan, demuestra que estás escuchando. Asiente con la cabeza, mantén el contacto visual y responde a sus palabras. Esto demuestra que estás realmente interesado en la conversación.

5. Comparte un poco sobre ti: no digas demasiado por adelantado; deja espacio para que la conversación continúe. Por ejemplo, puedes decir algo como: *"Me gusta mucho la música, sobre todo tocar la guitarra"*.

6. Estar abierto a su respuesta: puede que compartan algo sobre sí mismos: es una buena señal. Significa que les interesa conversar contigo.

Aquí tienes un ejemplo de diálogo para que te hagas una idea:

Tú: "*Hola, te vi en el laboratorio de ciencias. Parecías muy interesado en el experimento. ¿Qué piensas de la Sra. Thompson?*".

Ellos: "*Es la profesora más amable. Estoy pensando en unirme al club de ciencias*".

Tú: "*Eso es genial. Yo también he estado pensando en unirme. ¡Quizás podríamos ir juntos!*".

Ellos: "*¡Claro, sería genial!*".

¿Ves con qué naturalidad ha fluido la conversación? Tienes que buscar puntos en común y mostrar interés por la otra persona. Recuerda que el objetivo no es impresionarla, sino establecer una conexión auténtica.

Ahora bien, es importante tener en cuenta que no todos los intentos conducirán a una larga conversación o a una nueva amistad; no pasa nada. Cuanto más practiques, mejor se te dará el proceso de iniciación. Además, cada vez que lo intentes, serás más valiente y mejorarás tus habilidades sociales.

Así que, la próxima vez que veas a alguien con quien te gustaría conversar, respira hondo y lánzate. Algo tan sencillo como decir "*hola*" puede abrir la puerta a una nueva amistad. Recuerda que a todo el mundo le pone un poco nervioso dar el primer paso. Pero una vez que lo hagas, te darás cuenta de que la mayoría de la gente está esperando a que alguien le hable. Quién sabe, la próxima persona a la que te acerques podría acabar siendo tu mejor amigo.

Rompehielos: Más que simples palabras

En situaciones sociales, ya sea una fiesta, una nueva clase o incluso un encuentro informal, iniciar una conversación puede resultar a veces poco natural o forzado. Aquí es donde entran en juego los rompehielos. Los rompehielos son preguntas divertidas que alivian la tensión, despiertan el interés y hacen que la conversación fluya para que todo el mundo se sienta como en casa.

Puede resultar incómodo empezar a utilizar preguntas para romper el hielo. Para aliviar esta sensación de incomodidad, empieza diciendo algo así como: "Bien, aquí va una pregunta para romper el hielo", antes de empezar.

Aquí tienes algunos ejercicios para romper el hielo que puedes utilizar en distintos contextos:

En fiestas:

- *"Si pudieras cenar con cualquier famoso, ¿quién sería y por qué?"* - Esta pregunta abre un mundo de posibilidades y respuestas divertidas. Es una forma estupenda de conocer los intereses y gustos de alguien de una forma distendida.
- *"¿Cuál es la serie que más te ha gustado ver últimamente y qué la ha hecho tan fascinante?"*. - Los programas de televisión suelen ser un punto en común para muchas personas; esta pregunta puede dar pie a una animada conversación sobre intereses compartidos.

En clases:

- *"Si pudieras elegir una asignatura que no se enseña, pero que debería enseñarse, ¿cuál sería?"*. - Esta pregunta puede dar lugar a respuestas creativas e inesperadas, lo que permite conocer los intereses y pensamientos de la otra persona sobre la educación.
- *"¿Quién ha sido tu profesor favorito de este curso y qué lo hace tan bueno?"*. - Preguntar por un profesor favorito puede abrir conversaciones positivas y ayudar a descubrir experiencias y sentimientos compartidos sobre la vida lectiva.

Rompehielos generales:

- *"¿Cuál es el hobby que siempre has querido probar, pero aún no lo has hecho?"*. - Esta pregunta es genial para descubrir deseos ocultos y puede dar lugar a conversaciones sobre sueños y aspiraciones.
- *"Si tuvieras un superpoder por un día, ¿cuál sería y por qué?"* - Una pregunta divertida e imaginativa que puede dar lugar a una conversación lúdica y atractiva.

Consejos para romper el hielo

Recuerda que los rompehielos son solo una forma de hacer fluir la conversación. Muestran a la otra persona tu interés por charlar y le permiten compartir algo sobre sí misma. Los mejores rompehielos son los que resultan naturales y pertinentes para la situación.

Para romper el hielo, sé sincero y atento. Escucha sus respuestas y responde con interés. Esto te permitirá descubrir aficiones, experiencias y puntos de vista compartidos.

A medida que los vayas utilizando, te darás cuenta de que entablar conversaciones será cada vez más fácil y agradable. Cada interacción es una oportunidad de aprender algo nuevo, no solo sobre los demás, sino también sobre ti mismo. Con cada conversación, desarrollarás las habilidades y la confianza necesarias para tener éxito en situaciones sociales.

Utiliza estos rompehielos y observa cómo fluyen las conversaciones creándose nuevos vínculos. Recuerda que toda gran amistad comienza con un simple intercambio de palabras. Deja que estos rompehielos te guíen hacia un mundo de emocionantes interacciones sociales. ¡Hagamos que esas primeras palabras cuenten!

Rompehielos digitales: Cómo iniciar conversaciones en línea

En el mundo digital, iniciar una conversación puede ser tan complicado como navegar por una nueva aplicación por primera vez. Con sus pantallas y teclados, las plataformas en línea crean un paisaje totalmente nuevo para las interacciones sociales. Los principios básicos para iniciar una conversación siguen siendo los mismos: ser sincero, respetuoso e interesante.

El arte de la introducción en línea

En este mundo, no se puede confiar en el lenguaje corporal ni en el tono de voz; las palabras tienen que hacer el trabajo pesado. Aquí te mostraré cómo hacer que cuenten:

- **Ser personal, pero no demasiado:** empieza con algo específico de su perfil o publicación. Por ejemplo: "*He visto tu post sobre senderismo. Las vistas eran increíbles. A mí también me encanta. ¿Me recomiendas algún recorrido?*" - Este mensaje específico demuestra que te has tomado el tiempo necesario para conocer sus intereses.

- **Mantener el chat fluido:** incluye preguntas que faciliten y entretengan la conversación. En lugar de preguntar simplemente: "*¿Te ha gustado el viaje?*", prueba preguntando: "*¿Qué fue lo mejor de tu excursión?*". - Esta técnica permite respuestas más atractivas y una conversación más profunda.
- **Compartir un poco sobre ti:** por ejemplo: "*El verano pasado exploré este increíble sendero con unas vistas increíbles. ¿Alguna vez te has topado con una joya escondida mientras caminabas? Me encantaría que me contaras tus rutas favoritas o anécdotas memorables*". De esta forma, estarás fomentando una conversación bidireccional.

Navegando los matices de la comunicación en línea

Sin el beneficio de las reacciones físicas, a menudo podemos malinterpretar los mensajes en línea. Aquí tienes cómo navegar por estas aguas:

- **Mantenlo ligero:** el humor ayuda mucho, pero recuerda que a través de Internet es difícil transmitir el tono. Haz bromas ligeras y amables que no se malinterpreten.
- **Emojis y signos de exclamación:** pueden ayudar a transmitir el tono y el entusiasmo. Una carita sonriente o un emoji sonriente pueden aclarar tu intención y hacer que tu mensaje sea más amistoso.
- **La paciencia es clave:** es posible que la gente no responda inmediatamente. A diferencia de las interacciones cara a cara, las conversaciones en línea pueden durar horas o incluso días. La paciencia demuestra respeto por su tiempo y su agenda.

La diferencia entre la conversación digital y la presencial

Chatear con alguien no es como conversar cara a cara. Te pierdes todos esos pequeños detalles que puedes apreciar cuando hablas en persona. Cuando estás cara a cara, puedes captar señales como el tono, las expresiones faciales y el lenguaje corporal. Pero en Internet, tienes que averiguar lo que alguien quiere decir solo por sus palabras. Esto no significa que las conversaciones en línea sean menos importantes, simplemente son un poco diferentes.

Tus palabras tienen que estar bien pensadas y ser claras. Las cosas pueden malinterpretarse fácilmente cuando no puedes ver las reacciones de la otra persona. Sé siempre transparente con tus intenciones y sentimientos.

Estrategias para establecer conversaciones en línea

- **Estar al día:** menciona un acontecimiento o una tendencia reciente. "*¿Has probado ese nuevo juego del que todo el mundo habla?*". Hablar de las últimas tendencias demostrará que estás al tanto de lo que ocurre a tu alrededor.
- **Encontrar intereses comunes:** al igual que en la vida real, los intereses compartidos son una gran base para la conversación. Únete a grupos o foros basados en tus intereses e inicia conversaciones.
- **Respetar los límites:** recuerda que cada persona tiene un nivel de comodidad diferente en Internet. Si alguien no parece interesado en charlar, no te preocupes. Hay muchas otras personas con las que conectar.

Los rompehielos digitales abren la puerta a nuevas amistades y conexiones. La clave está en ser auténtico, respetuoso e interesante. Con estos consejos, estarás preparado para navegar con confianza por las redes sociales. Recuerda que detrás de cada pantalla hay una persona que quiere compartir y conectar con los demás. Así que adelante, envía ese mensaje y observa cómo tu mundo digital se amplía con nuevos amigos y conversaciones.

Capturando la atención: Di algo que valga la pena recordar

Las primeras palabras de cualquier conversación son como el titular de un artículo del periódico: pueden captar la atención de alguien u olvidarse fácilmente. En situaciones sociales, una frase o pregunta inicial convincente despierta el interés de los demás y los involucra en un diálogo significativo.

El poder de una gran apertura

¿Por qué es tan importante la apertura de una conversación? Porque marca el tono del resto de la conversación. Un buen comienzo puede intrigar, divertir o provocar la reflexión, lo que lleva a una interacción más profunda y agradable. Es tu oportunidad de demostrar que eres interesante, reflexivo y que vale la pena pasar tiempo contigo.

Ideando temas atractivos para iniciar una conversación

Entonces, ¿cómo puedes encontrar la manera de iniciar una conversación atractiva? Amplía tus horizontes más allá del típico *"¿A qué te dedicas?"* o *"Hace buen tiempo, ¿verdad?"*. Empieza hablando de lo que ocurre a tu alrededor y haciendo preguntas específicas sobre la persona o tu entorno. A diferencia de los rompehielos, que son preguntas divertidas y a menudo inconexas, los iniciadores de conversación son específicos de tu entorno. Aquí tienes algunas ideas:

- *"Me he fijado en la correa vintage de tu cámara. Es muy bonita. ¿Qué historia tiene detrás?"*. - Esto demuestra que estás prestando atención y puedes dar lugar a una conversación personal pero informal.
- *"¡Me encanta esta canción! He estado tratando de encontrar algo de música nueva últimamente. ¿Tienes alguna recomendación?"* - Si a los dos les gusta la música, puede ser una forma estupenda de estrechar lazos sobre gustos compartidos o descubrir nuevas canciones.
- *"Me muero de hambre. ¿Cuál es tu lugar favorito para comer por aquí?"*. - Esta frase inicial es perfecta si estás en un evento educativo o en un lugar nuevo. Es informal y podría llevar a descubrir lugares o comidas favoritas comunes.
- *"¿Cuánto tiempo llevas con [una afición o actividad que estén haciendo o de la que estén hablando]?"* - Esta pregunta demuestra que estás interesado en lo que le gusta y puede llevar a una conversación más profunda sobre pasiones y hobbies.

Utilizar este tipo de frases iniciales demuestra que no estás hablando por hablar, sino que te interesa mantener una conversación genuina. Invitan a la gente a compartir algo personal y significativo, preparando el terreno para una conexión más profunda.

Recuerda que el objetivo es iniciar una conversación y entablar un intercambio interesante y significativo. La frase inicial es la primera impresión en una conversación, así que haz que cuente. Una pregunta o un comentario bien elegidos pueden convertir una interacción rutinaria en una memorable. La próxima vez que te encuentres en un entorno social, prueba uno de estos iniciadores de conversación. Te sorprenderá lo amenas y atractivas que se vuelven tus conversaciones.

El contexto importa

El entorno en el que intentas hacer amigos o iniciar una conversación puede cambiar las reglas del juego. Dominar el arte de la conversación en distintos entornos sociales es como ser DJ en una fiesta: debes tocar la melodía adecuada para cada público. Aquí tienes algunos consejos para adaptar tus temas de conversación, o rompehielos, a los distintos entornos:

En fiestas:

Las fiestas son divertidas, relajadas y suelen estar llenas de gente dispuesta a integrarse: las conversaciones son ligeras e informales. ¿Cuál debe ser tu actitud? Sé tú mismo y prepárate para participar en la diversión. Puedes iniciar una conversación con un comentario sobre la música, la decoración o incluso la comida. "*La pizza está buenísima, ¿verdad?*" Este tipo de comentarios son sencillos pero eficaces para abrir puertas a nuevas conversaciones.

Reuniones comunitarias:

Los eventos comunitarios son una mezcla de todo. Pueden ser informales, como una fiesta, pero a menudo tienen una finalidad. La clave está en encontrar un equilibrio. Puedes iniciar una conversación basada en el tema del evento. En una recaudación de fondos local, podrías decir: *"Es estupendo ver cómo la comunidad se une por una buena causa, ¿no crees?"*. Este tipo de charlas demuestran que estás comprometido con la comunidad y dan pie a conversaciones diversas.

En la escuela o la universidad:

En entornos educativos en los que se comparten experiencias cotidianas, empieza con algo relacionado con la vida escolar. Por ejemplo: *"¿Qué te parecen los exámenes sorpresa de la señora Smith?"* o *"¿Has decidido ya el tema de tu proyecto para la clase de ciencias?"*. Esto inicia una conversación y demuestra que ambos están en el mismo barco.

Ejemplos de la vida real:

- **Escenario de fiesta:** Max se fija en alguien que está solo en la fiesta de cumpleaños de un amigo. Se acerca con una sonrisa y le pregunta: *"¿De dónde conoces al cumpleañero?"*. Este vínculo compartido proporciona un cómodo punto de partida para la conversación.
- **Escenario comunitario:** en una fiesta vecinal, Mia y Jordan se fijan en el animado ambiente. Mia señala las vibrantes decoraciones y dice: *"Estas decoraciones realmente le dan un toque alegre a la fiesta, ¿no crees?"*. Jordan sonríe y asiente. Al iniciar una charla informal sobre el tema de la fiesta, Mia prepara el terreno para entablar contacto con un posible nuevo amigo.
- **Escenario escolar:** Ava ve a un estudiante nuevo, Jayden, que parece perdido en el pasillo. Se acerca a él y le dice: *"Oye, la distribución de la escuela es bastante confusa al principio, ¿verdad? ¿Necesitas ayuda para encontrar tu*

próxima clase?". Este sencillo gesto de ayuda no solo rompe el hielo, sino que también ofrece una mano amiga.

En estos escenarios, la clave está en elegir un tema de conversación que se adapte al entorno y resulte natural. Estos temas hacen que la otra persona se sienta cómoda y allanan el camino para una charla más interesante y gratificante.

Cada escenario exige una versión ligeramente diferente de ti. En una fiesta, eres la persona que se divierte. En las reuniones comunitarias, eres el miembro comprometido de la comunidad, que aporta sus ideas y participa activamente en los debates. Entender estos matices puede marcar la diferencia en cómo te perciben y cómo conectas con los demás.

La magia de dominar el contexto reside en observar y adaptarse. Presta atención al ambiente, la gente y la atmósfera general del lugar. Esta observación te dará pistas sobre cómo enfocar las conversaciones y qué temas tratar. Ser adaptable no significa cambiar quién eres, sino adaptar tu forma de presentarte en las distintas situaciones. Así que, la próxima vez que te encuentres en un entorno social, tómate un momento para leer el ambiente y sumérgete en él.

El seguimiento: Hacerlo durar

Después de romper el hielo e iniciar una conversación, la verdadera magia reside en mantenerla y convertirla en una conexión duradera. Esta parte es fundamental porque es donde se construyen y fortalecen las relaciones.

El rol de las preguntas de seguimiento

Las preguntas de seguimiento son la mejor herramienta para mantener viva una conversación. Demuestran interés y atención.

Y lo que es más importante, permiten que la otra persona se exprese con sinceridad, lo que es fundamental para establecer contactos. Por ejemplo, si alguien dice que toca la guitarra, pregúntale: *"¿Qué te hizo empezar a tocar la guitarra?"* o *"¿Cuál es tu canción favorita?"*.

Consejos para que la conversación fluya

- **Esperar para responder:** esta es una habilidad que requiere práctica, sobre todo cuando tienes mucho que compartir. Tómate tu tiempo para escuchar de verdad lo que dice la otra persona, no te límites a esperar tu turno para hablar. Asiente con la cabeza, mantén el contacto visual y responde a lo que han dicho antes de añadir tus propias ideas.
- **Equilibrio entre compartir y pedir:** asegúrate de no hablar solo de ti mismo. Comparte un poco y luego vuelve a centrarte en la otra persona. Este equilibrio crea un flujo de ida y vuelta que resulta natural y atractivo.
- **Descubrir intereses compartidos:** si encuentras puntos en común, profundiza en ellos. Las pasiones compartidas pueden servir de base para crear conexiones sólidas.
- **Ser curioso:** muestra verdadero interés por lo que dicen. Haz preguntas que les animen a compartir sus experiencias y opiniones. Siguiendo la sabiduría de Dale Carnegie, recuerda que mostrar un interés genuino por los demás puede crear conexiones más fuertes y hacer que las conversaciones sean más atractivas y significativas.
- **Utilizar el humor con prudencia:** una broma oportuna o un comentario divertido pueden relajar el ambiente; asegúrate de que sea apropiado y no incomode a la otra persona.

Convirtiendo breves interacciones en conexiones duraderas

Transformar las conversaciones breves en conexiones duraderas implica algo más que hablar: se trata de crear vínculos significativos. Aquí tienes algunas estrategias:

- **Seguimiento tras la conversación:** si han intercambiado los datos de contacto, envíale un mensaje haciendo referencia a algo de lo que hayan hablado. Por ejemplo: *"He visto este artículo sobre técnicas para tocar la guitarra y me he acordado de nuestra conversación. Pensé que te podría interesar"*.
- **Planificar futuras interacciones:** si ambos han disfrutado de la conversación, sugiere otro encuentro. *"Deberíamos quedar para tomar un café la semana que viene. ¿Estarás por aquí después de clases?"*.
- **Mostrar un interés constante:** en futuras interacciones, menciona cosas de las que hayan hablado antes, por ejemplo: *"¿Cómo va tu práctica de guitarra?"*. Esta atención al detalle demuestra que recuerdas sus intereses y te preocupas por ellos.
- **Ser solidario:** si comparten un reto al que se enfrentan, ofrece tu ayuda o respaldo. Podrías decir algo como: *"Oye, si alguna vez necesitas a alguien con quien hablar de los problemas a los que te enfrentas, estoy aquí para ti"*. Este apoyo puede reforzar la confianza y el vínculo.
- **Recordar nombres:** la gente aprecia que recuerdes sus nombres. Utilizar el nombre de una persona mientras chateas con ella añade un toque personal a tus interacciones. Decir: *"Bueno, Adam, ha sido un placer hablar contigo"* demuestra que te has tomado la molestia de recordarlo, lo que hace que la conversación sea más personal y significativa.

Toda gran amistad o relación comienza con una simple conversación. Utilizando estas estrategias, puedes convertir breves interacciones en amistades duraderas. Mantén la conversación, muestra un interés genuino y, antes de que te des cuenta, habrás convertido a un nuevo conocido en un amigo.

———

Bien, ya dominas el arte de iniciar conversaciones. Pero, ¿qué viene después? ¿Cómo convertir estas nuevas conexiones en amistades significativas y duraderas? En el próximo capítulo, exploraremos el camino desde el saludo inicial hasta la creación de un vínculo profundo y duradero.

El Capítulo 5 se centra en seguir construyendo sobre los cimientos que hemos establecido. Iniciar una conversación es solo el nivel superficial; crear amistades a partir de esa chispa inicial es otro nivel. Exploraremos los matices para profundizar en estas nuevas conexiones y comprender el sutil arte de alimentar y hacer crecer una relación.

Así que, si estás preparado para ir más allá del primer paso y cultivar amistades que resistan el paso del tiempo, quédate conmigo. El siguiente capítulo será tu guía para transformar breves interacciones en amistades que enriquezcan tu vida y te aporten alegría, apoyo y un sentimiento de pertenencia.

CAPÍTULO 5
CULTIVAR AMISTADES AUTÉNTICAS (A)

> "La verdadera amistad llega cuando el silencio entre dos personas es cómodo". - David Tyson

Piensa en esto un momento. Cuando estás con un buen amigo, ¿puedes quedarte ahí sentado, sin decir nada en absoluto, y aun así sentirte totalmente a gusto? Ese es el signo de una amistad real y sólida. Es como tener un calzado deportivo cómodo; te queda bien, vayas donde vayas.

En este capítulo, nos adentraremos en el mundo de las verdaderas amistades. Ya sabes, esas en las que alguien te cubre las espaldas, pase lo que pase. No nos referimos solo a las personas con las que sales. Hablamos de amigos que son como tu equipo personal de animadoras, que te ayudan a superar un mal día y que se ríen contigo hasta hacerte llorar de risa.

Los verdaderos amigos te ven y te quieren. Son los que aprecian tu extraña obsesión por coleccionar adhesivos o tu miedo a los payasos y, aun así, se quedan contigo. Estas peculiaridades únicas se convierten en bromas e historias compartidas, haciendo que cada momento juntos sea especial y esté lleno de risas.

Y ahora te preguntarás: ¿dónde se encuentran esos míticos *buenos amigos*? No se esconden debajo de las piedras ni en clubes secretos: están a tu alrededor. Puede ser la persona que se sienta a tu lado en clase, alguien de tu equipo de fútbol o alguien con quien te cruzas en la biblioteca. El truco está en estar abierto a establecer nuevos contactos y reconocer los signos de una amistad genuina.

Así que prepárate para explorar el arte de crear y mantener amistades auténticas. Es un viaje que vale la pena, lleno de risas, aprendizaje y muchos momentos memorables. ¡Empecemos!

Cualidades de un buen amigo

¿Qué es exactamente lo que convierte a alguien en un buen amigo? Es una pregunta que a priori puede parecer sencilla; sin embargo, la respuesta es tan única como cada amistad. Cada uno tiene su propia idea de cómo debe ser un verdadero amigo. Desentrañemos juntos esta cuestión y exploremos las cualidades de las amistades auténticas.

En primer lugar, un buen amigo es alguien *leal*. Imagínate tener siempre a alguien a tu lado, ya sea para superar un proyecto escolar o un mal día. La lealtad no consiste en estar físicamente presente todo el tiempo, sino en saber que esa persona no te abandonará cuando las cosas se pongan difíciles. Es una promesa silenciosa, un compromiso de estar a tu lado.

En segundo lugar, un buen amigo da prioridad a la *honestidad*. Es fácil decirle a alguien lo que quiere oír, pero un amigo de verdad te dice lo que necesitas oír. Por ejemplo, cuando te dicen con delicadeza que la persona que te gusta puede no ser la mejor opción, no para ser hirientes, sino porque se preocupan por tus sentimientos y quieren lo mejor para ti.

¿Y qué hay de ser *confiable*? Un buen amigo es alguien con quien puedes contar. Son aquellos a los que llamas cuando necesitas ayuda, como cuando se te pincha una rueda a medianoche, y aparecen sin dudarlo. Ser confiable significa ser la misma persona increíble hoy, mañana y pasado mañana.

La *solidaridad* también es fundamental. Los amigos se apoyan mutuamente, celebran las victorias y ofrecen un hombro en el que apoyarse durante las derrotas. Estar ahí para tus amigos no tiene por qué ser un gran gesto. Las pequeñas acciones cotidianas que haces por los demás demuestran que te importan.

Ahora, ¿qué tal el *sentido del humor*? La vida está llena de altibajos; a veces, lo que más se necesita es una buena carcajada. Un amigo que sabe contar un chiste para animar el ambiente o reírse de sí mismo es un rayo de sol en un día nublado.

Y luego está la cualidad de no *juzgar*. Los buenos amigos te aceptan tal y como eres. No intentan cambiarte ni juzgar tus decisiones. Los amigos entienden que todo el mundo comete errores, y que esos errores no te definen.

(Nota: Si alguna vez me encuentro juzgando a mis amigos, a menudo me lo recuerdo con un simple mantra: "*Son tus amigos; quiérelos o déjalos*". Es una señal para resistir los pensamientos críticos y recordar que nadie es perfecto y que *todos* tenemos defectos).

Por último, un buen amigo es *respetuoso*. Valora tus opiniones y sentimientos, aunque difieran de los suyos. Este respeto permite que la amistad prospere a pesar de las diferencias y los desacuerdos.

Lista de verificación para un buen amigo

Considera esta lista de verificación para evaluar las cualidades que posees en las amistades:

- **Lealtad**: ¿Estás ahí para tus amigos cuando te necesitan?
- **Honestidad**: ¿Compartes tus pensamientos genuinamente, de forma amable y útil?

- **Solidaridad**: ¿Celebras los éxitos de tus amigos y los apoyas en los momentos difíciles?
- **Sentido del humor:** ¿Puedes hacer sonreír a tus amigos?
- **No juzgar**: ¿Aceptas a tus amigos tal y como son, sin intentar cambiarlos?
- **Respeto**: ¿Valoras y tienes en cuenta los sentimientos y opiniones de tus amigos?

Estas cualidades son ingredientes para construir amistades sólidas y duraderas. Transforman a los conocidos en verdaderos amigos, de los que duran toda la vida. Cada amistad es una mezcla única de estas cualidades, que crean un vínculo especial a su manera. No se trata de encontrar a los amigos perfectos, sino de encontrar a los que son perfectos para ti.

Amistades en tiempo real

Durante mi adolescencia, mi mejor amiga, Lauren, no era solo una amiga, sino un apoyo para mí. Cuando saqué un sobresaliente en el examen final de biología en la clase del Sr. Noodleman, Lauren no se limitó a felicitarme, sino que celebró de verdad mi éxito y contribuyó a mi alegría con su contagioso entusiasmo. Al día siguiente, me sorprendió colgando adornos coloridos y tarjetas dentro de mi casillero para demostrarme lo feliz que estaba por mí. Eso es una amiga *solidaria*.

Lauren también estuvo a mi lado cuando tuve mi primera ruptura. No me dio los típicos consejos ni intentó arreglarlo todo, sino que simplemente estuvo ahí. Me dejaba ir a su casa después de clase y sentarme en su sofá, dándome ese espacio reconfortante en el que podía expresar abiertamente mis sentimientos. Era comprensiva y estaba dispuesta a ayudarme; no me dijo *"te lo dije"* ni intentó emparejarme con otra persona. Era mi piedra angular.

Lauren no era solo una amiga; era un pilar de apoyo inquebrantable. Ya fuera celebrando mis victorias con un entusiasmo contagioso o proporcionándome un refugio reconfortante durante los momentos de angustia sin consejos típicos, ejemplificaba la esencia de una amiga verdadera y comprensiva. A medida que avanzamos en la siguiente sección, vamos a explorar exactamente cómo encontrar la amistad perfecta.

Cómo encontrar un buen amigo

Encontrar a un buen amigo es como descubrir una joya escondida. No siempre es fácil, y a veces hay que escarbar mucho para encontrar esa piedra preciosa. Pero cuando se encuentra, el esfuerzo vale la pena. Entonces, ¿por dónde puedes empezar a buscar esas gemas, sobre todo siendo adolescente? Despleguemos juntos este mapa del tesoro.

La búsqueda de buenos amigos suele comenzar en territorios familiares: la escuela, el vecindario o los lugares de reunión locales. Pasas mucho tiempo en estos lugares, por lo que son ideales para encontrarte con posibles amigos. En la escuela, mira más allá de tu clase. Puede que haya alguien en tu clase de arte que te llame la atención por sus proyectos creativos o alguien en la biblioteca que comparta tu afición por las novelas de misterio. Mantén los ojos abiertos y fíjate en quienes te rodean.

Las actividades y los clubes son una mina de oro para conocer gente afín. Ya sean deportes, música, teatro o un club de tecnología, estos grupos reúnen a personas con intereses similares. Los verdaderos contactos se hacen encontrando a alguien que comparte tus pasiones, no solo tus hobbies.

Pero, ¿cómo saber si alguien puede ser un buen amigo? Fíjate en las pequeñas señales. Un potencial amigo es alguien que te escucha, muestra verdadero interés por tus pensamientos y sentimientos y respeta tus opiniones, aunque difieran de las tuyas. Son los que te hacen sentir cómodo siendo tú mismo, los que se ríen de tus bromas y los que te dan una mano sin que se lo pidas.

Otra señal de un potencial buen amigo es cómo trata a los demás. ¿Son amables y respetuosos con todo el mundo y no solo contigo? Esta amabilidad es señal de una persona genuinamente agradable que probablemente será un buen amigo.

Los intereses y valores compartidos son la piedra angular de las amistades duraderas. Es estupendo tener un amigo al que le guste el mismo grupo de música que a ti, pero es aún mejor cuando comparte tus valores: la honradez, la amabilidad o el trabajo duro. Estos valores compartidos crean una conexión más profunda, que va más allá de divertirse juntos.

Construyendo la confianza en las amistades

La confianza es la base de toda buena amistad. Es el hilo invisible que une a dos personas y les hace saber que pueden confiar la una en la otra. Sin confianza, las amistades son como casas construidas sobre arena: tambaleantes y a punto de derrumbarse al primer indicio de problemas.

¿Qué es la confianza y por qué es tan importante en las amistades? Confiar significa saber que tu amigo hará lo que dice que hará. Significa creer que guardará tus secretos, te apoyará y no te hará daño a propósito. Significa sentirse a salvo, seguro y como en casa con esa persona.

La confianza crece lentamente como una planta, brotando de pequeñas acciones y palabras. Así es como puedes alimentar este crecimiento:

- **Siendo fiable:** si dices que harás algo, hazlo. Tanto si devuelves un libro prestado como si cumples una promesa, estas acciones hablan más que las palabras.
- **Hablando con el corazón:** comparte abiertamente tus pensamientos y sentimientos con tu amigo. No te lo guardes todo. Esta franqueza reforzará la confianza en tu relación.
- **Guardando sus secretos:** si un amigo te cuenta un secreto, guárdalo como si fuera un tesoro. Romper la confidencialidad es una de las formas más rápidas de quebrar la confianza.

Así como hay formas de generar confianza, también hay acciones que pueden romperla. Aquí tienes algunas que debes tener en cuenta:

- **Rumorear:** hablar a espaldas de un amigo es una forma segura de romper la confianza; difundir rumores puede causar daños irreparables.
- **Mentir:** incluso las pequeñas mentiras pueden quebrar la confianza. Las pequeñas mentiras pueden parecer inofensivas, pero la honestidad es el pegamento que mantiene unida la confianza, así que es mejor ser sincero con tus amigos.
- **Ignorar sus límites:** sobrepasar los límites de un amigo o hacer caso omiso a su incomodidad puede dañar significativamente la confianza. Si un amigo no se siente cómodo haciendo algo, respeta sus límites.
- **No apoyarlos**: si no estás ahí cuando tus amigos te necesitan, podrían empezar a cuestionar tu compromiso. Ser un amigo fiable tanto en los buenos como en los malos

momentos es esencial; no aparecer cuando tus amigos más te necesitan puede erosionar la confianza que han depositado en ti.

Rompiendo la confianza en tiempo real

Tienes una mejor amiga que se llama Hannah. A Hannah le gusta mucho Jake, ella te lo ha contado y te ha pedido que guardes el secreto. Tú, aceptando solemnemente, le aseguras que su secreto está a salvo.

Una semana después, los rumores en la secundaria se disparan con la noticia de que Hannah está enamorada de Jake. Sorprendida y dolida, Hannah se enfrenta a ti y descubre que has compartido su secreto con otras personas, pensando que no llegaría muy lejos. El daño estaba hecho, y la confianza que una vez fue inquebrantable ahora estaba tensa.

Esta situación ilustra cómo acciones aparentemente inocentes, como compartir un secreto con unos pocos, pueden tener consecuencias importantes. Hannah se sintió traicionada, lo que pone de manifiesto la importancia de respetar la confianza en las amistades.

Sirve como recordatorio de que la confianza es delicada. Una vez se rompe, es difícil repararla. Pero con cuidado, respeto y constancia, puedes crear un vínculo de confianza que hará que tus amistades sean más fuertes y significativas. A medida que avances en tus amistades, ten en cuenta estos puntos. Te guiarán en la creación de relaciones divertidas, satisfactorias y profundamente arraigadas en esta base de confianza.

Ser auténtico

En el Capítulo 1, exploramos el concepto de autenticidad y su relación con el autoconocimiento. La autenticidad consiste en ser fiel a uno mismo y mantener la sinceridad en tus interacciones y relaciones. Cuando eres auténtico, puedes expresar tus verdaderos pensamientos, sentimientos e identidad sin fingir ni necesitar aprobación.

Cuando estaba en secundaria, lo que más quería era ser aceptada y encajar. Así que, para poder integrarme a los demás, fingía ser una gran fan de la popular serie de televisión de los 90, *Dawson's Creek*. Todo el mundo hablaba de ella, pero la verdad era que no había visto ni un solo episodio. Mantener la fachada se convirtió en algo agotador, y el miedo a ser descubierta hacía que cada interacción se convirtiera en un ejercicio de equilibrismo.

El punto de ruptura llegó cuando un compañero de clase, un verdadero entusiasta de *Dawson's Creek*, me interrogó, poniendo al descubierto mi falta de conocimientos. Fue una llamada de atención: fingir forzaba mi autenticidad y me hacía parecer una farsante.

Después de ese momento humillante, me di cuenta de que es mucho mejor ser una persona auténtica (a la que en realidad no le gusta la serie) que destacar como alguien que finge interés solo para encajar.

¿Cómo puedes asegurarte de que eres auténtico en tus amistades? Echemos un vistazo.

Alimentando amistades auténticas

- **Comparte tus verdaderos pensamientos:** empieza con algo sencillo. Comparte una opinión sincera sobre una película o un libro, aunque seas el único al que le ha gustado. Trabaja para encontrar tu voz y sentirte cómodo expresándola.
- **Comparte tus verdaderos intereses:** no finjas que te gusta algo solo porque a tus amigos les gusta. Comparte tus aficiones e intereses reales. No pasa nada si te gusta tejer o coleccionar figuras de acción antiguas: tus verdaderos amigos te apreciarán por ser tú mismo.
- **Mantente fiel a tus valores:** si algo no te parece bien, como faltar a clase o copiar en un examen, no pasa nada

por decir que no. Apégate siempre a tu sistema de creencias.

- **Admite tus errores:** todo el mundo comete errores de vez en cuando. Ser auténtico significa reconocer tus errores y aprender de ellos.
- **Pide ayuda cuando la necesites:** Pedir ayuda demuestra que confías en tus amigos y que eres humano, igual que ellos.

A veces, sin embargo, mostrar tu verdadera personalidad, da miedo. Te puede preocupar que te juzguen o no encajar. Aquí tienes algunos consejos para estos momentos:

- **Empezar de a poco:** comparte poco a poco. No tienes que revelarlo todo a la vez. Por ejemplo, podría haber mencionado casualmente que Dawson's Creek no era mi serie favorita. De esta manera, habría sincera sin pretender ser una fan acérrima, lo que me hubiese permitido ser genuina y al mismo tiempo desenvolverme en la dinámica social.
- **Encontrar el momento adecuado:** busca momentos en los que te resulte natural compartir algo sobre ti mismo. Por ejemplo, puede que te guste escribir poesía, pero no quieras compartirla de inmediato. Ya sea durante una conversación íntima o en un encuentro informal, elegir el momento adecuado ayuda a que lo que compartas tenga más sentido.
- **Elegir a los amigos adecuados:** comparte tu verdadera esencia con amigos que te hagan sentir seguro y apoyado. Rodéate de quienes aprecian tu autenticidad, creando un entorno positivo para que florezcan las conexiones genuinas.
- **Confiar en el proceso:** ser auténtico requiere práctica. No pasa nada si no lo consigues de la noche a la mañana. Acepta el viaje de la autoexpresión, sabiendo que, con el

tiempo y la experiencia, la autenticidad se convertirá en algo más natural y sencillo.

La autenticidad no consiste solo en ser honesto con los demás y contigo mismo. Es comprender quién eres y ser lo bastante valiente para mostrar esa personalidad al mundo. Las amistades auténticas se construyen sobre la sinceridad y la franqueza. Estas amistades duran mucho, tienen valor y aportan alegría y una conexión absoluta.

Manteniendo amistades a largo plazo

Tú y tu mejor amiga, Hannah, se enfrentan al reto de asistir a universidades diferentes en ciudades distintas. Esto introduce un poco de distancia entre ustedes lo que podría poner a prueba su amistad a largo plazo. A pesar de la separación física, deciden afrontar este nuevo periodo estableciendo videoconferencias semanales para intentar mantener abiertas las líneas de comunicación.

A medida que avanzan en la vida universitaria, empiezan a producirse cambios. Puede que Hannah descubra una nueva pasión y que tú comiences a dedicarte a tu especialidad, lo que puede provocar una sensación de distanciamiento.

Mientras se enfrentan a estos cambios, la naturaleza evolutiva de sus vidas se hace más evidente. La distancia física acentúa la brecha emocional que se produce de forma natural cuando dos amigos íntimos se encuentran en lugares diferentes, tanto física como metafóricamente.

En el viaje de la vida, las amistades pueden verse puestas a prueba por muchos desafíos. La distancia, los cambios en la vida y los giros inesperados pueden poner a prueba los lazos más fuertes. Mantener amistades duraderas es como cultivar un jardín: requiere cuidado, paciencia y comprensión. Pero no te preocupes; con las herramientas adecuadas, puedes transformar estas amistades en otras que duren toda la vida.

Hablemos ahora de algunos de los retos más comunes a los que se enfrentan las amistades y de cómo superarlos.

Barreras comunes de las amistades duraderas

- **Distancia:** cuando los amigos se mudan por motivos académicos, laborales o familiares, la distancia física puede crear una brecha emocional. El truco está en mantener fuerte el vínculo, aunque la distancia sea muy grande.

- **Cambios en la vida:** a medida que las personas crecen, sus vidas cambian. Los amigos pueden cambiar de trabajo, iniciar una relación o desarrollar nuevos intereses. Estos cambios pueden crear una sensación de distanciamiento. Asegúrate de respetar estos cambios y crecer juntos.

- **Dar al otro por sentado:** a veces, en las amistades duraderas, la gente empieza a darse por sentada. Aprecia a tus amigos, celebra sus éxitos y apóyalos en los fracasos. Agradece su presencia en tu vida.

- **Negligencia:** en el ajetreo de la vida, los amigos pueden sentirse desatendidos. Dedicar tiempo a los amigos es importante, incluso cuando la vida se complica. Un simple mensaje de texto, una llamada al azar o una visita sorpresa pueden hacer que se sientan valorados.

- **No compartir los sentimientos:** a menudo, los amigos se abstienen de compartir sus verdaderos sentimientos para evitar conflictos. Sin embargo, la comunicación sincera es clave para mantener una amistad sólida. Comparte tus sentimientos de forma respetuosa y comprensiva.

Superando las barreras de las amistades duraderas

Mantener una amistad duradera es una habilidad. Esta habilidad requiere alimentar el vínculo que se comparte con cariño, comprensión y un poco de creatividad. En un mundo donde todo parece temporal, una amistad duradera es un tesoro. Exploremos algunas formas prácticas de mantener estas amistades fuertes a lo largo del tiempo:

- **Comunicación regular:** es el sustento de cualquier amistad. En la era de la tecnología, mantenerse en contacto nunca ha sido tan fácil. Utiliza aplicaciones de mensajería para compartir sucesos cotidianos, memes divertidos o un simple "¿cómo estás?". Un mensaje rápido puede ayudar mucho a alguien. Comparte novedades sobre tu vida, por pequeñas que sean.
- **Reuniones programadas:** la vida es ajetreada, pero dedicar tiempo a los amigos es esencial. Planifica encuentros regulares, ya sea un café mensual, un viaje anual o una videollamada. Utiliza aplicaciones de calendario para establecer recordatorios de estos encuentros.

- **Recordar detalles importantes:** recordar cumpleaños, aniversarios o pequeños detalles como su comida o película favorita demuestra que te importa. Utiliza aplicaciones de recordatorio para no perder de vista estas fechas importantes.

- **Perdonar:** nadie es perfecto. Si, por ejemplo, un amigo se olvidó de devolverte la llamada, prepárate para perdonar y superar los errores del pasado. Guardar rencor solo debilita el vínculo.

- **Abrazar la tecnología:** utiliza las redes sociales y las aplicaciones para mantenerte conectado, sobre todo si están en distintas partes del mundo. Aplicaciones como Skype, Zoom o WhatsApp pueden acortar la distancia.

Mantener las amistades requiere trabajo duro, paciencia y mucho amor: los beneficios son inconmensurables. Los buenos amigos pueden mejorar tu salud mental y emocional, proporcionarte apoyo en los momentos difíciles e introducir alegría y risas en tu vida.

Tus amigos son tus animadores, consejeros y compañeros en el viaje de la vida. A medida que creces y atraviesas diferentes etapas, estas amistades pueden servirte de punto de apoyo, proporcionándote un sentimiento de pertenencia y estabilidad. Ten en cuenta que lo que importa no es la cantidad de amigos, sino la calidad de las amistades que cultivas. Siguiendo estas estrategias, puedes asegurarte de que estos vínculos no solo sobrevivan, sino que florezcan con el paso de los años.

Amistades duraderas en tiempo real

Incluso ahora, no puedo evitar presumir de mi fantástico grupo de amigos: pequeño pero sólido como una roca, y llevamos años manteniéndolo. Mantenemos una conexión fuerte con memes diarios y mensajes de texto sinceros. Nuestros cafés mensuales son sagrados, donde nos ponemos al día de los dramas de la vida y compartimos las últimas primicias. Y, por supuesto, nuestro viaje anual por carretera es la aventura definitiva, llena de escapadas cuidadosamente planificadas que esperamos durante meses.

A lo largo de los años, la vida nos ha ido lanzando algunas piedras en el camino, pero las superamos. Nuevos trabajos, relaciones, crecimiento personal... nos hemos enfrentado a todo, y eso no ha hecho más que reforzar nuestro equipo.

¿Videollamadas y visitas sorpresa? Es nuestra forma de decir que la distancia no puede con nosotros. Cada vez que nos reunimos, es como añadir un nuevo capítulo a nuestra alocada historia, demostrando que

nuestra amistad es tan sólida como se pueda imaginar. Entre risas, sueños y un apoyo infinito, nuestro grupo se mantiene unido, convirtiendo cada momento en una celebración de nuestro viaje compartido.

Como puedes ver, mantenerse al día con tu gente vale la pena: las fuertes conexiones y épicas celebraciones demuestran que el esfuerzo vale.

Resolución de conflictos

Superar los conflictos con los amigos es una parte natural del camino a medida que crecen las relaciones. Aprender a gestionarlos con madurez es una habilidad que no solo salvará las amistades, sino que las hará más fuertes y resistentes. Como cualquier otra habilidad, mejorarás con cada conflicto.

El primer paso en la resolución de conflictos es reconocer que los desacuerdos son normales. No hay dos personas iguales; las diferencias de opiniones o expectativas son inevitables. Lo que marca la diferencia es cómo se gestionan estos conflictos

Aquí tienes algunas técnicas para resolver conflictos de forma eficaz:

- **Mantener la calma y el respeto:** aunque estés enojado, concéntrate en mantener la calma. Una comunicación respetuosa, sin gritos ni insultos, ayuda a mantener una conversación productiva.

- **Expresar tus sentimientos con claridad:** utiliza frases con "yo" para expresar cómo te sientes. Por ejemplo, di: "*Me duele que canceles nuestros planes a último momento*", en vez de: "*Nunca te preocupas por nuestros planes*".

- **Tratar de comprender, no de ganar:** el objetivo de resolver un conflicto no es ganar, sino comprender y encontrar una solución que funcione para ambos. La comprensión te ayudará a mantener la amistad.

- **Tomarse un tiempo para relajarse si es necesario:** si las emociones están a flor de piel, no pasa nada por hacer una pausa y retomar la conversación más tarde. Esta pausa puede evitar que digas cosas en caliente de las que te puedas arrepentir.

- **Compromiso:** cuando hay un desacuerdo, encontrar un término medio que funcione para ambas partes es la clave para solucionar las cosas. Al llegar a un acuerdo, todos se sienten escuchados y satisfechos con la solución.

- **Perdonar y seguir adelante:** una vez aclaradas las cosas, olvida los rencores. Aferrarse a los dramas del pasado puede envenenar las interacciones futuras. Avanza, no retrocedas.

Resolución de conflictos en tiempo real

Imagínate lo siguiente: es el fin de semana del Día del Trabajador. Tu mejor amiga, Hannah, se va de viaje a la playa sin invitarte. Te sientes tan dolido y enfadado con ella que te pasas tres semanas callado.

A pesar de que ella te llama por teléfono para intentar explicártelo, tú no lo soportas. Te sientes completamente abandonado y te preguntas por qué no te ha invitado a pasar el fin de semana con ella. Las llamadas y explicaciones de Hannah se topan con tu silencio, por mucho que ella lo intente.

Rebobinemos y pensemos en otro giro de la trama. Si hubieras dicho que te sentías excluido y hubieras dejado que Hannah se explicara (ella pensaba de verdad que te habías ido con tus padres ese fin de semana), se habría evitado todo el malentendido. En lugar de estar deprimido durante tres solitarias semanas sin "tu compañera del crimen", podrías haber estado saliendo y divirtiéndote, evitando todo ese drama innecesario.

¿Cuál es la lección? No te guardes nada. Comparte siempre tus sentimientos cuando algo vaya mal y trabaja para resolver los conflictos utilizando técnicas como mantener la calma, ser respetuoso y expresar tus sentimientos con claridad.

Acabar con las amistades tóxicas

Las amistades están destinadas a enriquecer nuestras vidas, ofrecer apoyo y aportar alegría. Sin embargo, algunas amistades pueden volverse amargas y resultar más agotadoras que gratificantes. A menudo se habla de amistades tóxicas. Entender la diferencia entre una amistad sana y una tóxica es imprescindible para tu bienestar.

Una amistad tóxica te hace sentir constantemente agotado, criticado o menospreciado. A diferencia de las amistades sanas, en las que hay respeto y apoyo mutuos, las amistades tóxicas suelen ser unilaterales. Se caracterizan por la negatividad, la falta de apoyo y el agotamiento emocional.

Aquí tienes algunas señales que pueden indicar que una amistad es tóxica:

- **Negatividad constante:** si las interacciones con un amigo te dejan constantemente infeliz o agotado, podría ser una señal de alarma. Solo debes rodearte de personas que te aporten buenas vibraciones y risas.
- **Falta de apoyo:** cuidado con los amigos que desprecian tus sentimientos o tus logros. Alguien que pone los ojos en blanco cuando compartes tu emoción o incluso muestra celos hacia ti podría conducir a una relación poco saludable.
- **Unidireccionalidad:** si te das cuenta de que siempre eres tú el que planea las salidas y se pone en contacto primero,

podrías estar en una relación tóxica. Recuerda que las amistades deben ser un camino de ida y vuelta, no una misión en solitario.

- **Comportamientos manipuladores:** aléjate de las personas que a menudo intentan controlarte o manipularte; te mereces amigos que respeten tus decisiones y no jueguen con tu mente.
- **Falta de respeto:** la falta de respeto constante hacia tus límites, sentimientos o elecciones vitales son signos de una relación enfermiza. Cuídate de quien ignore tus necesidades.

Amistades tóxicas en tiempo real

Taylor y Morgan, el dúo dinámico durante años, se encuentran en una encrucijada cuando su sólida amistad ha dado un giro inesperado. Últimamente, Taylor ha notado mucha negatividad en sus reuniones, sustituyendo la risa habitual por un ambiente extraño que deja a Taylor agotada.

Compartir noticias emocionantes ya no trae los choca esos cinco. En cambio, la respuesta de Morgan es despectiva, con un giro de ojos que insinúa una falta de apoyo. Ya no es la calle de doble sentido que solía ser, y actualmente Taylor es la única que hace planes y busca un acercamiento.

Para complicar las cosas, Taylor percibe ciertas vibraciones manipuladoras por parte de Morgan. Morgan ejerce sutilmente el control, influyendo en las decisiones de Taylor y jugando a juegos mentales que empañan la confianza entre ellas. ¿Y dónde han quedado los límites? ¿Y los sentimientos? Es como si Morgan se hubiera olvidado de su amistad.

Al reconocer los signos inequívocos de la toxicidad, Taylor se enfrenta a la dura realidad de que su amiga se ha convertido en una fuente de drama y negatividad. Sabiendo que las amistades tóxicas pueden afectar su salud mental, Taylor decide que es hora de cerrar este capítulo y centrarse en su bienestar personal.

Si reconoces estos signos en una amistad, puede que sea el momento de reconsiderar la relación. Poner fin a una amistad tóxica puede ser difícil, pero necesario para tu salud mental y emocional. Aquí tienes una guía para abordar esta situación:

- **Reflexionar sobre la amistad:** tómate un tiempo para reflexionar sobre la amistad y por qué te parece tóxica. Sé sincero contigo mismo sobre el impacto en tu bienestar.
- **Comunicar tus sentimientos:** si te sientes seguro al hacerlo, mantén una conversación sincera con tu amigo. Expresa tus sentimientos con calma y claridad. Utiliza las afirmaciones "yo" mencionadas anteriormente en este capítulo para explicar cómo te hacen sentir sus acciones.
- **Establecer límites:** si no estás preparado para poner fin a la amistad por completo, intenta establecer límites claros. Comunícaselos a tu amigo y cíñete a ellos.
- **Ser firme y respetuoso:** si decides poner fin a la amistad, sé firme pero respetuoso en tu decisión. Puedes expresar tu gratitud por los buenos momentos y explicar al mismo tiempo que necesitas seguir adelante por tu bienestar.
- **Buscar apoyo:** Poner fin a una amistad puede ser doloroso. Busca apoyo en tu círculo de amigos. Consulta el Capítulo 2 si necesitas un repaso sobre cómo crear un equipo de personas que te cubran las espaldas.
- **Tómate tiempo para ti:** date tiempo para llorar la pérdida de la amistad. Está bien sentirse triste o disgustado.
- **Centrarse en las relaciones positivas:** invierte tiempo y energía en relaciones sanas que te hagan sentir bien contigo mismo.
- **Aprender de la experiencia:** reflexiona sobre lo que has aprendido de esta amistad y cómo puede guiar tus relaciones futuras.

Poner fin a una amistad tóxica no es un fracaso; es un paso valiente hacia el cuidado de tu salud mental y emocional. Todos merecemos amistades que nos apoyen, nos respeten y nos levanten el ánimo. Dejar ir las relaciones insanas abre espacio para relaciones más sanas y satisfactorias en tu vida.

––––––––

Al cerrar este capítulo sobre las complejidades y las alegrías de la amistad, es importante reconocer que las habilidades que hemos discutido van mucho más allá de mantener amistades. Son habilidades para la vida, valiosas frente todas las interacciones y relaciones que te encuentres.

Las lecciones de escucha, honestidad, establecimiento de límites y resolución de conflictos, no son solo para las amistades. Estas habilidades fortalecen las relaciones familiares, preparan el terreno para las relaciones sentimentales y te ayudan a escalar en el mundo profesional.

A medida que avancemos hacia el siguiente capítulo, exploraremos cómo se aplican estas habilidades en otros ámbitos de la vida. Desde la dinámica familiar hasta el aula y los encuentros informales, se trata de herramientas para construir una vida plena y respetuosa. Son las claves que te ayudarán a prosperar en el vasto mundo de las relaciones humanas.

CAPÍTULO 6
LOGRAR LA ADQUISICIÓN DE HABILIDADES SOCIALES (L)

Bienvenido al Capítulo 6, donde descubrirás cómo sacar el máximo partido a tus habilidades sociales recién aprendidas. Te guiaré para que apliques las lecciones que has aprendido y las pongas en práctica en tu vida diaria. Este capítulo te proporcionará todas las herramientas necesarias para desenvolverte en un pasillo repleto de gente en tu centro de estudios, charlar con nuevas personas en una fiesta o tratar con tu familia en casa.

Hablaremos de cómo utilizar tus nuevas habilidades para adaptarte a una gran variedad de situaciones sociales, desarrollar tu resiliencia ante los contratiempos y superar los malentendidos. Prepárate para llevar tu juego social al siguiente nivel.

Adaptabilidad: Evolucionar con los tiempos

¿Qué es la adaptabilidad?

La adaptabilidad consiste en ajustarse a las circunstancias y modificar el comportamiento para adecuarlo al entorno. Es muy importante ser adaptable porque nos ayuda a manejar situaciones difíciles y a establecer buenas relaciones con la gente.

No se trata de que cambies tu forma de ser, sino más bien de que adaptes tu enfoque a cada situación. Es la habilidad que te ayuda a leer el ambiente, captar el estado de ánimo y el tono, y responder de la forma más adecuada.

Adaptabilidad en el trabajo social

Para ilustrar adecuadamente la adaptabilidad, veamos el trabajo de un asistente social. Quizá te preguntes por qué hablamos de trabajadores sociales cuando este libro es para adolescentes. Pues bien, los trabajadores sociales son unas de las personas más adaptables que existen.

En un día normal, tienen que tratar con un amplio abanico de personas, desde niños a ancianos, cada uno con sus necesidades y contextos únicos. La capacidad de un trabajador social para adaptar su enfoque a cada situación es esencial.

Por ejemplo, si está ayudando a un niño en un orfanato, su enfoque debe ser afectuoso y reconfortante. Pero si se trata de un adolescente con problemas de drogadicción, puede que tenga que adaptar su estrategia para ser más directo y honesto.

La adaptabilidad es un superpoder: no solo ayuda a transmitir el mensaje, sino también a generar confianza, algo crucial en el trabajo social.

Pero esta habilidad no es solo para el trabajo social. Es una habilidad para la vida. Ser adaptable te ayuda a manejar todos los cambios y giros de las interacciones humanas, convirtiéndote en un comunicador eficaz y en una persona empática.

¿Y sabes qué? Esta habilidad mejora con la práctica. Cuando conozcas a gente diferente y te enfrentes a nuevas situaciones, ten en cuenta que lo mejor es adaptarse.

En resumen, observa, aprende y prepárate para modificar tu enfoque en función de tu entorno.

Adaptabilidad en tiempo real

Josh se enfrentó a un reto inesperado mientras visitaba la tranquila cabaña de su abuelo junto al lago. Acostumbrado al ajetreo y el bullicio de las reuniones ruidosas con sus amigos, comprendió la necesidad de adaptarse a este entorno tranquilo. Así que, cuando pasaba tiempo con su abuelo, disminuía su excitación habitual y disfrutaba de la tranquilidad que rodeaba la cabaña.

Entablando conversaciones en voz baja, encontró una forma diferente pero significativa de conectar con su abuelo. Gracias a su capacidad de adaptación, Josh aprendió a desenvolverse en los matices emocionales de la cabaña junto al lago, reconfortando a su abuelo y estrechando sus lazos con la serenidad de la naturaleza de fondo.

Como se puede ver en la historia de Josh, él ajustó su enfoque durante la visita a su abuelo, cambió su ritmo a uno tranquilo y sereno, y modificó su comportamiento para que coincidiera con el entorno. Cuando nos adaptamos a entornos diferentes, reforzamos nuestras conexiones y fomentamos momentos significativos.

En las siguientes secciones, vamos a profundizar en otros aspectos clave de las habilidades sociales, como el desarrollo de la resiliencia y el manejo de situaciones sociales difíciles, mejorando aún más tu capacidad para tener éxito en el mundo social.

Interpretar el entorno

Interpretar el entorno es otra forma de adaptabilidad. Consiste en sintonizar con el ambiente de una situación social y captar las señales tácitas. Observa cómo está la gente, sentada o de pie, escucha cómo hablan y hazte una idea del ambiente general. ¿Todos están relajados y bromeando, o el tono es más serio? Cambiar tu forma de actuar para adaptarte al ambiente de la sala puede mejorar tu juego social.

Veamos un escenario donde interpretar el ambiente te ha funcionado a la perfección.

Interpretación del ambiente: Triunfo en acción

Ahí estabas, entrando en la animada cafetería del instituto, listo para unirte a una mesa de nuevos amigos para comer. La sala estaba repleta de energía: algunos estudiantes estaban inmersos en una conversación, mientras que otros estaban concentrados en sus teléfonos o en los deberes.

Cuando te tomas un momento para interpretar el ambiente, notas una mezcla de vibraciones relajadas y carcajadas. Todos parecían distendidos y abiertos, así que decidiste adaptarte al ambiente. Con una sonrisa, saludas a tus nuevos amigos con un desenfadado "Hola, ¿qué tal?".

Cuando te unes a la conversación, captas sin esfuerzo las bromas amistosas y el tono informal. Hiciste algunas bromas y compartiste algunas historias alegres, manteniendo el ambiente divertido y animado. El ambiente se vuelve contagioso y pronto todos ríen y disfrutan del momento

Tu capacidad para interpretar el ambiente y adaptarte a él te hizo sentir como en casa. Al sintonizar con las señales no verbales, no solo conectaste con tus compañeros, sino que también demostraste que podías dejarte llevar por la corriente social, convirtiendo la hora de la comida en una experiencia memorable y agradable para todos los que te rodeaban.

Ahora veamos la misma situación, pero esta vez no consigues captar las sutiles señales del comedor.

Interpretación del ambiente: Un auténtico fracaso

Ahí estabas, entrando en la misma cafetería animada del instituto, emocionado por unirte a una mesa de nuevos amigos para comer.

Pero, por desgracia, esta vez te equivocas por completo al interpretar el ambiente. A pesar del entorno informal y relajado, entraste con un entusiasta "¿Qué tal, fiesteros?". La respuesta fueron unas cuantas miradas incómodas y sonrisas forzadas.

Cuando te uniste a la conversación, no supiste captar las sutiles señales. Tus intentos de hacer humor no tuvieron éxito y tus historias desenfadadas parecían desentonar con el ambiente reinante. El clima de la sala se volvió notablemente incómodo y la charla, antes animada, se convirtió en un silencio incómodo.

Tu incapacidad para interpretar el ambiente te hizo sentir fuera de lugar. No entendiste las señales no verbales y tus esfuerzos por encajar con el ambiente acabaron convirtiendo la hora de la comida en una experiencia lamentable para todos los presentes.

¿Cuál es la conclusión? Estar atento a los matices sutiles puede ser decisivo a la hora de determinar el éxito o el fracaso de una situación social, como ilustran los dos resultados diferentes en la situación de la cafetería.

Pero no te preocupes, en la siguiente sección veremos cómo desarrollar la resiliencia puede ayudarnos a recuperarnos de cualquier error porque, admitámoslo, no importa lo excelentes que sean tus habilidades sociales, todos nos enfrentamos a retos de vez en cuando.

Desarrollando resiliencia: Superando obstáculos sociales.

La resiliencia en las interacciones sociales implica recuperarse de momentos duros, manejar la presión y adaptarse a situaciones difíciles. En la siguiente sección, vamos a explorar cómo aumentar la resiliencia, una habilidad que cambiará la forma en que manejas tu vida social.

. . .

Comprendiendo la resiliencia en contextos sociales

A menudo pensamos en la resiliencia en términos de grandes desafíos de la vida, pero es increíblemente importante en las interacciones sociales cotidianas. Cuando se es resiliente, se puede hacer frente a las palabras hirientes de un amigo, gestionar el rechazo y librarse de una metedura de pata. Las personas resilientes pueden afrontar los retos con entereza y hacerse más fuertes al final.

Veamos cómo funciona la resiliencia en la vida real.

Desarrollando resiliencia en tiempo real

Cuando era adolescente y trataba de entender el complejo mundo de secundaria, solía pensar demasiado cada conversación e interacción. Era como ser detective, analizando obsesivamente cada palabra y acción. Como un disco rayado, repetía las conversaciones una y otra vez en mi cabeza.

En mi mente, convertía esos pequeños deslices sociales en algo mucho más grande. Este hábito de obsesionarme con cada detalle afectaba a mi forma de actuar en el momento y de afrontar nuevas situaciones.

Con el tiempo, aprendí que obsesionarme con esos supuestos contratiempos empeoraba las cosas. Los escenarios que inventaba en mi cabeza estaban muy lejos de la realidad. Aprender a ser resiliente significaba entender que estos baches en el camino ocurren, pero no tienen por qué ser el fin del mundo.

Empecé a ver estos pequeños problemas sociales, no como desastres, sino como oportunidades para aprender y crecer. Aprendí a seguir adelante y a no dejar que estos problemas controlaran mi vida. Adopté un lema que sigo utilizando hoy en día: "Avanza, no retrocedas". Perdónate por tus errores, aprende de ellos y sigue adelante.

En teoría, recuperarse de esos momentos incómodos en la vida social puede parecer pan comido, pero quizá te preguntes: "*¿Cómo diablos lo consigo?*". No te preocupes. Veamos algunos trucos sencillos que te ayudarán a ser más resiliente a la hora de superar esos contratiempos.

Estrategias para aumentar la resiliencia social

- **Aprender de los errores del pasado:** reflexiona sobre los contratiempos sociales del pasado. En lugar de preguntarte: "*¿Por qué soy tan idiota?*", pregúntate: "*¿Qué puedo aprender de esto?*" Aprender de estas experiencias puede ayudarte a manejar con eficacia futuras situaciones.
- **Practicar la autocompasión:** sé amable contigo mismo. Comprende que todo el mundo se enfrenta a retos sociales y que no pasa nada por cometer errores.
- **Centrarse en lo que se puede controlar:** en cualquier situación social difícil, concéntrate en tus acciones y reacciones, no en cambiar las de los demás.
- **Cultivar una perspectiva positiva:** intenta encontrar el lado positivo de las situaciones difíciles. Una mentalidad positiva puede ayudarte a superar y recuperarte de los contratiempos sociales.
- **Recurrir a tu red de apoyo:** en el Capítulo 2, aprendiste a establecer una sólida red de apoyo de amigos y familiares que te respaldarán pase lo que pase. Ahora es el momento de recurrir a esta red de personas que te proporcionarán ánimo, perspectiva y fuerza en los momentos difíciles. Serán tu ancla y te ayudarán a ser más resiliente.

Veamos algunos contratiempos sociales habituales y cómo aplicar estas estrategias de resiliencia en tu vida.

· · ·

Cómo aplicar la resiliencia social en tu vida

- **Afrontar el rechazo:** imagínate que no pasas el filtro de un club del instituto que te hacía mucha ilusión (¡ay!). En lugar de estancarte en la decepción, conviértela en una oportunidad para explorar otros intereses y conocer gente nueva. Aprovecha la experiencia para reforzar tu resiliencia, sabiendo que los contratiempos pueden conducir a nuevos caminos apasionantes y a amistades inesperadas.
- **Drama de la amistad:** ¿recuerdas el drama del viaje a la playa? Ahora, imagina una respuesta resiliente. En lugar de sentirte deprimido por la excursión a la playa de tus amigos sin ti, imagina que te recuperas, te sacudes el miedo y te acercas a tus amigos para arreglar las cosas. La resiliencia significa abordar rápidamente los conflictos, lo que te permite seguir adelante y disfrutar del tiempo con tus amigos sin pensar en el pasado.
- **Tu respuesta a las críticas:** acabas de recibir una crítica de un miembro de un proyecto grupal, y al principio te sientes a la defensiva. Pero después de considerar la crítica, reconoces áreas en las que podrías mejorar, lo que conduce a una mejor colaboración en el grupo.

Desarrollar la resiliencia es un viaje de autodescubrimiento y crecimiento. Se trata de desarrollar la fuerza interior necesaria para afrontar los retos sociales, aprender de ellos y salir fortalecidos y más sabios. Al cultivar la resiliencia, nos dotamos de una poderosa herramienta que mejora nuestras interacciones y enriquece nuestras relaciones.

Abordando situaciones sociales difíciles

Las interacciones sociales no siempre son fáciles. A veces, pueden ser un reto, estar llenas de silencios incómodos, malentendidos o incluso enfrentamientos. No te preocupes, yo te ayudaré. En las siguientes páginas te enseñaré a desenvolverte en estas situaciones con elegancia y tacto.

Silencios incómodos

Los silencios incómodos pueden resultar desalentadores, pero forman parte de la interacción humana. Aprovechar estos momentos de silencio puede fomentar conexiones más profundas y el entendimiento entre las personas. Es durante estas pausas cuando la gente suele tener la oportunidad de reflexionar sobre la conversación, lo que permite respuestas más meditadas y un auténtico intercambio de ideas.

En lugar de verlos como algo incómodo, considera los silencios como pausas naturales que dan a ambas personas la oportunidad de absorber información y contribuir de forma significativa al diálogo en curso. Si gestionas estos momentos con paciencia y franqueza, conseguirás una comunicación más auténtica y enriquecedora.

Manejando los silencios incómodos

- **Abrazar el silencio:** tener momentos silenciosos en una conversación está bien. No siempre significa que algo vaya mal.
- **Cambiar el tema:** si un tema concreto no despierta interés, cambia a otro. Pregúntales por su afición favorita o por una película que hayan visto recientemente.
- **Formular preguntas abiertas:** estas preguntas fomentan respuestas detalladas y pueden reavivar una conversación apagada.

- **Utilizar el humor:** una broma ligera y bien hecha puede aliviar la tensión y hacer sonreír a todo el mundo (solo tienes que acordarte de interpretar el ambiente primero).

Navegando entre malentendidos

A veces, los malentendidos pueden convertirse en conflictos innecesarios alimentados por la falta de comunicación y las suposiciones. En un mundo lleno de conversaciones y mensajes rápidos, es fácil que los mensajes se malinterpreten. Estas interpretaciones erróneas pueden crear tensiones y herir sentimientos, sobre todo cuando las emociones están a flor de piel. Veamos un malentendido en tiempo real.

Malentendidos en tiempo real

Ben: ¡Hola, Mike! No te he visto por aquí últimamente. ¿Qué es lo que pasa?

Mike: Hola, sí, he estado un poco ocupado. Por cierto, gracias por invitarme a la fiesta el fin de semana pasado.

Ben: ¿Fiesta? ¿Qué fiesta?

Mike: La de tu casa. Ya sabes, ¿el sábado por la noche?

Ben: Amigo, no hice una fiesta el sábado. ¿Estás seguro de que era mi casa?

Mike: Sí. Recibí un mensaje tuyo diciendo que viniera a una reunión relajada.

Ben: Qué raro. Yo no envié ninguna invitación. ¿Quizás alguien más organizó algo?

Mike: Bueno, cuando llegué, tu hermana me dijo que estabas ocupado, pero que me uniera. Fue incómodo; pensé que estabas enojado conmigo.

Ben: Espera, ¿mi hermana? Ah, creo que sé lo que pasó. Debe haber organizado algún tipo de reunión sin decírmelo. No tenía ni idea.

Mike: ¿En serio? Me sentí tan fuera de lugar, y luego pensé que no me querías allí.

Ben: Mike, no tenía ni idea. Mi hermana probablemente pensó que me estaba haciendo un favor. Siento mucho que te sintieras así.

Mike: No pasa nada. Solo pensé... ya sabes, tal vez metí la pata o algo.

Ben: No, amigo. Es un malentendido. Salgamos este fin de semana, solo nosotros. Lo compensaré.

Mike: Me parece bien. Gracias por aclararlo. Me estaba estresando.

Ben: No te preocupes, amigo. Estamos bien.

Fíjate en cómo se aclaró este malentendido con madurez y respeto. Recuerda los siguientes consejos a la hora de aclarar malentendidos con amigos.

Consejos para aclarar malentendidos:

- **Escuchar primero:** comprender la perspectiva de la otra persona antes de sacar conclusiones precipitadas.
- **Aclarar tu punto de vista:** si te sientes incomprendido, explica con calma tu punto de vista.
- **Pedir disculpas si es necesario:** una simple disculpa puede resolver un malentendido y demostrar que valoras la relación.
- **Aceptar los desacuerdos:** no todos los malentendidos se resuelven. A veces, es mejor acordar respetuosamente que no se está de acuerdo en algo.

Saber cuándo alejarse

A veces, la mejor opción es alejarse de una situación difícil:

- **Si no es productivo:** si la conversación no va a ninguna parte, puede que sea el momento de alejarse.
- **Si no es saludable:** si la interacción perjudica tu bienestar mental o emocional, alejarte es una opción válida.
- **Dar tiempo para enfriarse:** a veces, una pausa puede dar a ambas partes tiempo para calmarse y pensar con más claridad.

Enfrentarse a situaciones sociales difíciles forma parte de la vida. Si las afrontas con comprensión, paciencia y voluntad de encontrar puntos en común, podrás salir airoso de las interacciones más complicadas. Cada reto es una oportunidad para aprender y desarrollar tus habilidades sociales.

Al cerrar este capítulo sobre cómo navegar por las complejidades de las interacciones sociales, nos asomamos a un nuevo horizonte. Te has dotado de unas habilidades imprescindibles para la vida: adaptabilidad en circunstancias cambiantes, resiliencia ante los contratiempos y el arte de manejar los malentendidos.

Estas habilidades son algo más que herramientas para el éxito social: son las claves para desbloquear una vida llena de experiencias enriquecedoras y relaciones más profundas.

De cara al futuro, el capítulo 7 abre la puerta a la práctica de estas habilidades de manera que puedan enriquecer tu vida. Llevarás estos conceptos más allá de la mera teoría y los incorporarás en tu vida cotidiana. El siguiente capítulo trata sobre cómo convertir las habilidades aprendidas en hábitos que den forma a una vida plena.

Imagina una vida en la que los retos se conviertan en oportunidades de crecimiento, en la que cada interacción sea una oportunidad de aprender y mejorar, y en la que tus relaciones sean fuentes de alegría y apoyo: esa es la vida que te espera.

Así que pasemos página juntos y exploremos cómo estas habilidades sociales pueden construir una vida que no solo sea exitosa, sino también enriquecedora y alegre. Prepárate para embarcarte en un viaje en el que cada día sea una oportunidad para aplicar lo que has aprendido y marcar una diferencia significativa en tu vida y en la de los que te rodean.

CAPÍTULO 7
VIVE LA VIDA QUE DESEAS

"Lo más maravilloso del mundo es saber pertenecer a uno mismo". - Michel de Montaigne

Esta perspicaz cita resume la esencia del tema de nuestro último capítulo: encontrar la auténtica felicidad y la plenitud, ya sea en compañía de los demás o en soledad, en nuestra propia compañía.

Bienestar social: Un viaje incesante

El bienestar social es un viaje, no un destino. Es un proceso continuo que evoluciona a medida que uno crece y evoluciona. No se trata de llegar a un punto en el que de repente se está "socialmente bien" y luego detenerse; se trata de dedicar tiempo y esfuerzos constantes a cultivar el bienestar social.

Entonces, ¿qué implica una vida social saludable? Empieza por establecer relaciones significativas en lugar de buscar la popularidad. Debes encontrar amigos que te apoyen, te desafíen y te ayuden a crecer.

Una vida social saludable requiere un equilibrio entre socialización y soledad. Ser capaz de reflexionar y ser feliz en tu tiempo libre es tan importante como entablar relaciones. Este equilibrio es crucial porque evita que dependas de los demás para sentirte bien.

Encontrando la felicidad y la plenitud

La búsqueda de la felicidad y la plenitud es una búsqueda universal, y el éxito social desempeña un papel importante en ella. Pero seamos claros: el éxito social no consiste solo en saber cuántos amigos tienes, sino en encontrar la verdadera felicidad y satisfacción en tus interacciones y relaciones.

La verdadera felicidad se centra en sentirse conectado, comprendido y valorado en presencia de los demás. Se trata de disfrutar de la risa compartida por un chiste interno, del confort de una cara conocida entre la multitud o de la calidez de una conversación sincera. Estos momentos, grandes o pequeños, enriquecen nuestras vidas y contribuyen a nuestra felicidad.

Aquí tienes algunos consejos para encontrar la dicha en tu vida social:

- **Valorar la calidad por encima de la cantidad:** céntrate en profundizar en las relaciones significativas en lugar de aumentar tu número de amigos. Unos pocos amigos íntimos pueden proporcionar más felicidad que docenas de conocidos.

- **Sé tú mismo:** la autenticidad atrae a los demás hacia ti. Cuando eres fiel a ti mismo, atraes a personas que aprecian tu verdadera esencia, lo que da lugar a interacciones satisfactorias.
- **Participación activa:** participa activamente en tus interacciones sociales. Haz preguntas, muestra interés y comparte tus ideas. Involucrarte en las conversaciones hace que la socialización sea más agradable y significativa.
- **Encontrar intereses compartidos:** establecer vínculos en torno a aficiones o intereses comunes. Ya sea un deporte, un club de lectura o una clase de cocina, las actividades compartidas generan experiencias agradables y refuerzan los vínculos.
- **Practicar la empatía:** muestra un interés genuino por la vida de los demás. Comprender y empatizar con sus experiencias puede estrechar lazos y aumentar tu propia satisfacción social.
- **Mentalidad positiva:** aborda las interacciones sociales con una actitud positiva. Una actitud positiva puede hacer que las relaciones sociales sean más agradables y atraer la positividad de los demás.

Las interacciones sociales satisfactorias desempeñan un papel fundamental en la felicidad general. Las amistades profundas y significativas proporcionan apoyo, amplían nuestras perspectivas y contribuyen a nuestro sentido de pertenencia. Compartir experiencias con los demás nos enseña compasión, comprensión y la alegría de pasar tiempo juntos.

Encontrando un equilibrio: Vida social y vida académica

Llevar una vida plena es como caminar por la cuerda floja: el equilibrio es esencial. En el caso de los adolescentes, este equilibrio suele girar en torno al tiempo que pasan con sus amigos, las tareas escolares, las actividades extraescolares o el trabajo, y las prioridades familiares. Y el mundo digital añade distracciones como las redes sociales y los atracones de series.

Entonces, ¿cuál es el truco para mantener el equilibrio? El secreto es la gestión del tiempo. Una vez que tengas la gestión del tiempo bajo control, podrás dedicar tiempo y energía a tu círculo social y a otras cosas, como las tareas escolares, sin dejar que una eclipse a la otra. Puedes tener tu pastel y comértelo también.

Lograr este equilibrio puede parecer difícil, pero con las estrategias adecuadas es posible. Veamos algunas técnicas para equilibrar tu vida social.

Estrategia de gestión del tiempo N°1: La Técnica Pomodoro

La gestión del tiempo es la piedra angular del equilibrio. La Técnica Pomodoro es tu arma secreta de gestión del tiempo, perfecta para equilibrar los estudios, la vida social y el tiempo personal. Imagina que divides tu día en pequeñas fracciones concentradas, maximizando tu energía y atención.

Llamada así por la palabra italiana que significa tomate, la Técnica Pomodoro debe su nombre al temporizador de cocina con forma de tomate que utilizaba su creador, Francesco Cirillo. Esta técnica consiste en dividir el día en pequeñas fracciones concentradas para aumentar la productividad y la energía.

Esto es lo que debes hacer:

1. Toma un temporizador o cronómetro (quizá el de tu teléfono) y prográmalo en 25 minutos, llamaremos a este tiempo *Pomodoro*.

Durante este tiempo, dedícate por completo a una sola tarea, ya sea resolver esa tarea de matemáticas o sumergirte en una sesión de lectura.

2. Cuando suene el temporizador, tómate un breve descanso, de unos 5 minutos. Es tu oportunidad de recargar pilas, ver memes o estirarte un poco.

3. Después de completar cuatro Pomodoros, regálate un descanso más prolongado, de unos 15-30 minutos. Te lo has ganado. El truco está en concentrarse intensamente durante esos 25 minutos, sabiendo que el descanso está a la vuelta de la esquina.

Esta técnica te mantiene motivado, evita que te agotes y convierte tu lista de tareas pendientes en un juego. Además, es flexible. Ajusta los tiempos en función de tus preferencias y necesidades. La Técnica Pomodoro transforma tus sesiones de estudio, te ayuda a abordar las tareas con eficacia y te dejará tiempo de sobra para las cosas que te gusta hacer.

Técnica Pomodoro en tiempo real

Abordando una tarea de álgebra

1. Inicio de la sesión de estudio:

- Programa el temporizador en 25 minutos (Pomodoro).
- Comienza a trabajar en la resolución de ecuaciones de álgebra y a completar los problemas asignados.

2. Durante el Pomodoro (25 minutos):

- Sumérgete a fondo en la tarea de álgebra, resolviendo ecuaciones y trabajando a través de los problemas.
- Mantente concentrado y evita mirar el teléfono o distraerte.

3. Fin del Pomodoro (suena el temporizador):

- Cuando suene el temporizador, tómate un descanso de 5 minutos.
- Levántate, estírate, come algo o haz un ejercicio rápido de relajación para recargar las pilas.

4. Segundo Pomodoro:

- Ajusta el temporizador para otros 25 minutos.
- Continúa con la tarea de álgebra, quizás pasando a problemas más complejos o repasando conceptos desafiantes.

5. Fin del segundo Pomodoro (suena el temporizador)

- Tómate otro descanso de 5 minutos.
- Utiliza este tiempo para refrescar tu mente, tal vez dar un paseo rápido por la habitación y revisar tus mensajes.

6. Tercer y cuarto Pomodoro:

- Repetir el proceso para el tercer y cuarto Pomodoro, cada uno seguido de un descanso de 5 minutos.
- Mantente comprometido con la tarea de álgebra, progresando de forma estructurada y centrada.

7. Después de cuatro Pomodoros:

- Tómate un descanso más prolongado de 15-30 minutos.
- Durante esta pausa, prémiate con un aperitivo, una breve sesión de ejercicio o haz algo agradable para relajar la mente.

8. Flexibilidad:

- Ajusta la duración de los Pomodoros y los descansos en función de tus preferencias personales y tus niveles de energía. No dudes en experimentar con distintos intervalos de tiempo si 25 minutos te parecen poco o demasiado. La clave es encontrar un ritmo que maximice tu productividad y evite el agotamiento.

. . .

Estrategia de gestión del tiempo N°2: Organízate

Otra forma eficaz de encontrar el equilibrio en tu vida es organizándote. Empieza por elaborar un calendario, priorizar las tareas y desglosar metódicamente tus objetivos. Pronto dominarás la capacidad de establecer prioridades, una habilidad muy valiosa para toda la vida. La clave está en encontrar un horario que te funcione y te permita controlar tu tiempo. Ahora, exploremos los pasos para mejorar tus habilidades organizativas.

1. Consigue una agenda o utiliza un calendario digital: empieza comprando una agenda física o utiliza una aplicación de calendario digital en tu teléfono o tu computadora. Elige lo que te resulte más cómodo. Será tu herramienta para organizar tus actividades.

2. Listar todas las tareas: anota todas tus tareas, incluidos los deberes escolares, las actividades extraescolares, las tareas domésticas y cualquier otra responsabilidad que tengas. Asegúrate de incluir también las actividades divertidas o el tiempo libre. Así tendrás una idea clara de todo lo que debes gestionar.

. . .

3. Clasificar las tareas: divide tus tareas en estudios, hobbies, tareas domésticas y tiempo personal. Esto te ayudará a saber en qué inviertes tu tiempo y a no pasar por alto nada importante.

4. Establecer objetivos realistas: para cada tarea, establece objetivos realistas y alcanzables. Divide las tareas más grandes en pasos más pequeños y manejables. De este modo, tus objetivos serán más alcanzables y evitarás sentirte abrumado.

5. Asignar bloques de tiempo: asigna bloques de tiempo específicos a distintas actividades. Por ejemplo, si tienes deberes, programa un tiempo exacto para centrarte en ellos. Sé realista sobre el tiempo que puede llevarte cada tarea y no olvides incluir los descansos.

6. Priorizar tareas: ahora viene la parte crucial: priorizar las tareas. Identifica las más importantes y urgentes. Serán tus prioridades. Colócalas en la parte superior de tu agenda o dales un horario específico.

7. Revisar y ajustar periódicamente: tu agenda no debe ser rígida. Revisa periódicamente tus prioridades y tu calendario para asegurarte de que todo va por buen camino. La vida puede ser impredecible, así que prepárate para ajustar tus horarios cuando sea necesario.

8. Utilizar alertas y recordatorios: si utilizas una agenda digital, configura alertas y recordatorios. Así te asegurarás de completar los plazos importantes y de recordar las tareas. Es como tener un asistente personal que te mantiene al día.

. . .

9. Aprender a decir no: parte del establecimiento de prioridades consiste en saber cuándo decir no. Si tu agenda está demasiado apretada y afecta a tu capacidad para concentrarte o disfrutar de tiempo personal, no pasa nada por rechazar compromisos adicionales.

10. Reflexionar y ajustar: al final de cada semana, tómate un tiempo para evaluar si has cumplido con tu agenda y si es necesario hacer algún ajuste. Reflexiona sobre lo que ha funcionado y lo que no, y utiliza esta información para mejorar tus habilidades de planificación.

Cuando pienses en tu agenda, no te agobies. Tu agenda nunca debe quitarte tiempo para estudiar. Se trata de ser honesto contigo mismo. Crea una planificación con tiempo para dedicar a los libros y para relajarte con amigos o descansar. Tú eres quien debe crear un calendario que sea el equilibrio perfecto para ti.

Alcanzar el equilibrio significa encontrar la armonía en las distintas facetas de tu vida. Se trata de disfrutar de la aventura de crecer, adquirir nuevos conocimientos, entablar amistades y descubrir tu verdadera esencia. Ten en cuenta que el equilibrio no es una condición estática, sino una aventura continua de adaptación y alineación. Al dominar el equilibrio, allanarás el camino hacia una vida gratificante y enriquecedora.

———

Emprendiendo tu viaje

El camino hacia una vida plena no es una línea recta; es un mosaico de experiencias, cada pieza es significativa. En este capítulo, has profundizado en lo que significa encontrar la verdadera felicidad en las amistades y en la importancia del equilibrio entre tu vida social y personal.

Mientras nos preparamos para encajar todas estas piezas, es esencial llevar adelante las lecciones aprendidas, las habilidades perfeccionadas y los conocimientos adquiridos. Estas herramientas te ayudarán a navegar por las complejidades de la vida, a construir relaciones significativas y a encontrar tu propio sentido de la felicidad y la plenitud.

LA MANERA MÁS FÁCIL DE AYUDAR A ALGUIEN CON DIFICULTADES

Los adolescentes anhelan un grupo animado de amigos, personas con las que conectar y la seguridad para entablar vínculos basados en intereses compartidos, risas y confianza. Hazles saber a quienes luchan contra la ansiedad social que superarla implica manejar un conjunto selecto de estrategias que producen resultados reales.

Simplemente compartiendo tu opinión sincera sobre este libro y un poco sobre tus propias experiencias, le mostrarás a los nuevos lectores que no están solos y los orientarás hacia el recurso que necesitan para transformar su vida social.

Muchas gracias por tu apoyo. Su impacto es mayor de lo que imaginas.

CONCLUSIÓN

Espero que hayas encontrado ideas valiosas e inspiración con las que puedas lograr una confianza nueva e inquebrantable. Sobre todo, espero que a partir de ahora te aceptes a ti mismo, porque el mundo es un lugar mejor gracias a tu singularidad.

Ahora que estamos a punto de culminar este libro, es el momento de reflexionar sobre el camino transformador que hemos recorrido juntos a través de "El adolescente social". Este libro no trata solo sobre el aprendizaje de habilidades sociales; sino de embarcarse en una profunda exploración del crecimiento personal y el dominio social.

El método SOCIAL, íntimamente ligado a cada capítulo, se diseñó no como un mero conjunto de instrucciones, sino como una brújula que te guiará hacia una vida más enriquecedora y conectada.

Empezamos esta aventura comprendiendo los profundos problemas de timidez y ansiedad social a los que se enfrentan muchos adolescentes. Paso a paso, a través de la autoconciencia, la superación de obstáculos, la construcción de conversaciones, el inicio de interacciones, el establecimiento de amistades auténticas y el aprovechamiento de las habilidades sociales, hemos visto cómo se producía una transformación. Es un cambio de la sombra de la duda a la luz de la confianza, de los márgenes de las reuniones sociales al corazón de las relaciones significativas.

Este libro pretende iluminar un camino partiendo de la incertidumbre y el aislamiento que a menudo se sienten durante la adolescencia, para llegar a un estado de confianza y pertenencia. Al pasar la última página, recuerda que tu progreso no termina aquí. SOCIAL es más que un método: es una puerta de entrada a una vida rica en relaciones y seguridad en uno mismo, en la que cada interacción es una oportunidad y cada momento es un paso hacia la persona socialmente hábil que aspiras ser.

En nuestra exploración del esquema SOCIAL, profundizamos en cada faceta, desentrañando su significado e impacto en tu camino hacia la confianza y aptitud social.

Aquí tienes un breve resumen de todas las facetas que incluye el marco SOCIAL:

Empezar por la autoconciencia: Ser consciente de ti mismo sienta las bases de todas las habilidades sociales. Reconocer tus emociones, fortalezas y áreas de crecimiento, te permite desenvolverte en el entorno social con claridad y determinación. Comprenderte a ti mismo, prepara el terreno para comprender a los demás, allanando el camino para establecer relaciones genuinas.

Superar obstáculos: la superación de obstáculos consiste en resistir a los miedos y a la ansiedad social, y salir fortalecido al final. Este paso es crucial para transformar las barreras percibidas en trampolines que te ayuden a salir de tu zona de confort y entrar en un reino de crecimiento y confianza.

Entablar conversaciones seguras: dominar el arte de la conversación es clave para abrir puertas sociales. La conversación va más allá de hablar; se trata de escuchar, comprometerse y conectar. Con este paso aprenderás la danza del diálogo, en la que el intercambio de palabras se convierte en un puente hacia el entendimiento y la comunicación.

Iniciar interacciones: la valentía de iniciar interacciones cambia las reglas del juego social. Estás tomando las riendas de tu vida social, dando un paso al frente y aprovechando las oportunidades que te brindan las nuevas conexiones.

Construir amistades auténticas: establecer y mantener amistades genuinas es el corazón de tu vida social. Las amistades se generan basadas en el respeto mutuo, los intereses compartidos y el cariño sincero. Estas amistades son los pilares de tu red social y te ofrecen apoyo, alegría y un sentimiento de pertenencia.

Lograr adquirir las habilidades para la vida: por último, aprovechar las habilidades sociales para la vida consiste en aplicar lo que has aprendido en diversos aspectos de tu vida. Adaptas tu nueva destreza social a diferentes contextos, ya sea en el ámbito lectivo, en casa o en futuros lugares de trabajo, asegurándote de que puedes prosperar en cualquier entorno social.

Cada paso del método SOCIAL es un bloque de construcción en la arquitectura de tu desarrollo social. Juntos, estos bloques forman un completo conjunto de herramientas que te capacitarán para navegar por las complejidades de la vida social adolescente con confianza y destreza.

Ahora, es tu turno de tomar las riendas. Has navegado por las páginas de "El adolescente social", absorbiendo los principios del método SOCIAL, pero recuerda, la verdadera transformación comienza con la acción. Empieza poco a poco, aplicando estas lecciones en tu vida diaria. Desafíate a iniciar una conversación, unirte a un nuevo grupo o practicar la escucha activa en tu próxima interacción. Cada pequeño paso es un salto hacia la construcción de tu confianza y el perfeccionamiento de tus habilidades sociales.

Mientras reflexionas sobre las ideas y estrategias compartidas a lo largo de este libro, te invito a compartir tus pensamientos y experiencias. Tus comentarios son muy valiosos para mí como autora y para otras personas que quieran emprender su viaje social. Al dejar una reseña, contribuyes a una interacción más amplia, ayudando a guiar e inspirar a adolescentes como tú, que pueden estar afrontando retos similares. Tu punto de vista puede marcar una diferencia significativa, ofreciendo ánimo y orientación a quienes buscan transformar su vida social. Te agradezco sinceramente el tiempo dedicado a compartir tu opinión. Gracias por formar parte de este viaje.

Al concluir este libro juntos, recuerda: tu viaje social es único y muy personal, pero no lo recorrerás solo. Cada paso que des con la valentía de conectar, crecer y ser auténticamente tú mismo, ilumina el camino para que otros lo sigan. Así que sigue adelante con la confianza de que tienes todo dentro de ti para crear la vida social que desees. En palabras de Helen Keller, "Solos podemos hacer poco; juntos podemos hacer mucho". Abraza tu camino, abraza a los demás y observa cómo el mundo se abre ante ti.

REFERENCIAS

Ackerman, C. E. (1 de abril de 2020). *What Is Self-Awareness? (+5 Ways to Be More Self-Aware)* (¿Qué es la autoconciencia? +5 formas de ser más consciente de uno mismo). Positive Psychology. https://positivepsychology.com/self-awareness-matters-how-you-can-be-more-self-aware/

Adelmann, M., & Berger, C. R. (2014). *Adventures in Social Research: Data Analysis Using IBM SPSS Statistics* (Aventuras en investigación social: Análisis de datos con IBM SPSS Statistics). Sage Publications.

Anwar, Y. (16 de diciembre de 2020). *The 16 Facial Expressions Most Common to Emotional Situations Worldwide* (Las 16 expresiones faciales más comunes en situaciones emocionales en todo el mundo). Berkeley News. https://news.berkeley.edu/2020/12/16/the-16-facial-expressions-most-common-to-emotional-situations-worldwide

Arzt, N. (26 de enero de 2023). *Shyness Vs. Social Anxiety: Understanding the Difference* (Timidez y ansiedad social: Entender la diferencia). Choosing Therapy. https://www.choosingtherapy.com/social-anxiety-vs-shyness/

Barker, E. (2016). *Barking Up the Wrong Tree: The Surprising Science Behind Why Everything You Know About Success Is (Mostly) Wrong* (Ladrando al árbol equivocado: La sorprendente ciencia que explica por qué todo lo que sabes sobre el éxito es (en su mayoría) erróneo). HarperOne.

Barth, F. D. (10 de febrero de 2018). *What Makes It so Hard to Walk Away From a Bad Situation?* (¿Por qué es tan difícil abandonar una mala situación?) The Couch, Psychology Today. https://www.psychologytoday.com/us/blog/the-couch/201802/what-makes-it-so-hard-walk-away-bad-situation

Blankson, A. (23 de junio de 2020). *Are You Digitally Self-Aware?* (¿Eres consciente de ti mismo a nivel digital?) Psychology Today. https://www.psychologytoday.com/intl/blog/the-future-happiness/202006/are-you-digitally-self-aware

Boothman, N. (2014). *Convince Them in 90 Seconds or Less: Make Instant Connections That Pay Off in Business and in Life* (Convencerlos en 90 segundos o menos: Establece conexiones instantáneas que valen la pena en los negocios y en la vida). Workman Publishing.

Campbell, L. (26 de abril de 2023). *Why Personal Boundaries are Important and How to Set Them* (Por qué son importantes los límites personales y cómo establecerlos). Psych Central. https://psychcentral.com/relationships/what-are-personal-boundaries-how-do-i-get-some

Carlucci, K. M. (7 de abril de 2023). *The Art of Adaptability – The Social Worker's Superpower* (El arte de la adaptabilidad: el superpoder del trabajador social). SocialWorker. https://www.socialworker.com/feature-articles/practice/adaptability-social-worker-superpower/

REFERENCIAS

Carnegie, D. (2016). *How to Win Friends and Influence People in the Digital Age* (Cómo ganar amigos e influir en la gente en la era digital). Simon & Schuster.

Casabianca, S. S. (28 de octubre de 2022). *7 Signs Someone Doesn't Respect Your Boundaries and What to Do* (7 señales de que alguien no respeta tus límites y qué hacer). Psych Central. https://psychcentral.com/relationships/signs-boundary-violations#

Cherry, K. (22 de febrero de 2023). *Types of Nonverbal Communication* (Tipos de comunicación no verbal). Verywell Mind. https://www.verywellmind.com/types-of-nonverbal-communication-2795397

Connolly, B. (18 de marzo de 2016). *The Most Interesting Conversations Have These 3 Elements in Common* (Las conversaciones más interesantes tienen estos 3 elementos en común). TIME. https://time.com/4259998/interesting-conversation-tips/

Danise, A. (17 de julio de 2020). *13 Times In-Person Communication Is Better Than Electronic Exchanges* (13 ocasiones en que la comunicación en persona es mejor que los intercambios electrónicos). Forbes Coachescouncil. https://www.forbes.com/sites/forbescoachescouncil/2020/07/17/13-times-in-person-communication-is-better-than-electronic-exchanges/?sh=4825ca6f2eb7

David, M. (29 de septiembre de 2023). *The Confident Teen: A Practical Guide to Boost Your Confidence, Transform Your Self-Worth, and Take Control of Your Life* (El adolescente seguro de sí mismo: Potencia tu confianza, transforma tu autoestima y toma el control de tu vida). Marnie David.

Deupree, S. (30 de enero de 2023). *CBT for Social Anxiety: How It Works, Examples & Effectiveness* (TCC para la ansiedad social: cómo funciona, ejemplos y eficacia). Choosing Therapy. https://www.choosingtherapy.com/cbt-for-social-anxiety/

Eurich, T. (4 de enero de 2018). *What Self-Awareness Really Is (and How to Cultivate It)* (Qué es realmente la autoconciencia y cómo cultivarla). Harvard Business Review. https://hbr.org/2018/01/what-self-awareness-really-is-and-how-to-cultivate-it

Field, B. (13 de julio de 2023). *How to Set Boundaries With Friends—and Why It's Necessary* (Cómo establecer límites con los amigos y por qué es necesario). Verywell Mind. https://www.verywellmind.com/how-to-set-boundaries-with-friends-7503205

Fleming, P., & Lampi, J. P. (2018). *The Art of Conversation: Change Your Life with Confident Communication* (El arte de la conversación: Cambia tu vida con una comunicación segura). Capstone.

Fine, D. (2015). *The Fine Art of Small Talk: How to Start a Conversation, Keep It Going, Build Networking Skills - and Leave a Positive Impression!* (El arte de las conversaciones triviales: cómo iniciar una conversación, mantenerla, crear redes de contactos y dejar una impresión positiva). Hachette Books.

Forsyth, J. P., & Eifert, G. H. (2016). *The Mindfulness & Acceptance Workbook for Anxiety: A Guide to Breaking Free from Anxiety, Phobias, and Worry Using Acceptance* (El cuaderno de ejercicios de mindfulness y aceptación para la ansiedad:

Una guía para liberarse de la ansiedad, las fobias y la preocupación utilizando la aceptación)

Goulston, M. (2015). *Just Listen: Discover the Secret to Getting Through to Absolutely Anyone* (Solo escucha: Descubre el secreto para llegar a absolutamente todo el mundo). AMACOM.

Greenberg, M. (31 de diciembre de 2019). *Does Being More Social Make Us Happier?* (¿Ser más sociables nos hace más felices?) The Mindful Self-Express. https://www.psychologytoday.com/intl/blog/the-mindful-self-express/201912/does-being-more-social-make-us-happier

Grieco, M. (4 de enero de 2022). *BALANCING SCHOOL AND SOCIAL LIFE* (EQUILIBRAR LA VIDA ESCOLAR CON LA VIDA SOCIAL). Simple Studies. https://www.simplestudies.org/blog/balancing-school-and-social-life

Hartney, E. (28 de junio de 2023). *10 Basic Netiquette Rules* (10 reglas básicas de Netiqueta). Verywell Mind. https://www.verywellmind.com/ten-rules-of-netiquette-22285

Headlee, C. (2017). *We Need to Talk: How to Have Conversations That Matter* (Tenemos que hablar: cómo mantener conversaciones importantes). Harper Wave.

Hurley, K. (21 de octubre 2022). *Teenage Cell Phone Addiction: Are You Worried About Your Child?* (Adicción de los adolescentes al teléfono ¿Te preocupa tu hijo?) Psycom. https://www.psycom.net/cell-phone-internet-addiction

Karrass, C. L. (2013). *The Negotiating Game: How to Get What You Want* (El juego de la negociación: cómo conseguir lo que quieres). Thomas Y. Crowell Company.

Kirmayer, M. (23 de mayo de 2022). *6 (Non-Awkward) Ways To Approach Someone You Want To Be Friends With* (6 maneras (no incómodas) de acercarte a alguien con quien quieres ser amigo). The Everygirl. https://theeverygirl.com/6-ways-to-approach-someone-you-want-to-be-friends-with/

Kraft, R. N. (17 de marzo de 2022). *What Makes a Good Conversation?* (¿En qué consiste una buena conversación?) Contribución de: Robert N. Kraft Ph.D. Psychology Today. https://www.psychologytoday.com/us/blog/defining-memories/202203/what-makes-good-conversation

Kristenson, S. (31 de marzo de 2023). *25 Qualities of a Good Friend You Should Look For* (25 cualidades que debe tener un buen amigo). Happier Human. https://www.happierhuman.com/qualities-good-friend/

Lawler, M. (21 de julio de 2023). *Why Friendships Are So Important for Health and Well-Being* (Por qué las amistades son tan importantes para la salud y el bienestar). Everyday Health. https://www.everydayhealth.com/emotional-health/social-support.aspx

Marie, S. (26 de agosto de 2022). *9 Ways to Solve Misunderstandings In a Relationship* (9 maneras de resolver los malentendidos en una relación). PsychCentral. https://psychcentral.com/relationships/pointers-for-couples-to-prevent-resolve-misunderstandings

Mayo Clinic Staff. (12 de enero de 2022). *Friendships: Enrich your life and improve your health* (Las amistades: Enriquecen tu vida y mejoran tu salud). Mayo

Clinic. https://www.mayoclinic.org/healthy-lifestyle/adult-health/in-depth/friendships/art-20044860

Mayo Clinic Staff. (14 de julio de 2022). *Resilience: Build skills to endure hardship* (Resiliencia: Desarrollar habilidades para soportar las dificultades). Mayo Clinic. https://www.mayoclinic.org/tests-procedures/resilience-training/in-depth/resilience/art-20046311

McKay, B., & McKay, K. (6 de junio de 2021). *Social Briefing #8: How to Ask Open vs. Closed Questions* (Sesión informativa social n.º 8: Cómo formular preguntas abiertas y cerradas). The Art of Manliness. https://www.artofmanliness.com/people/social-skills/social-briefing-8-better-conversations-asking-open-ended-questions/

Morningstar, A. (26 de octubre de 2023). *25 Qualities Of A Good Friend (That Show You Can Depend On Them)* (25 cualidades de un buen amigo - que demuestran que puedes confiar en él). A Conscious Rethink. https://www.aconsciousrethink.com/7171/qualities-good-friend/

Nolan, M. B. (28 de junio de 2022). *The Art of Friendship: How to Address and Respond to Conflict* (El arte de la amistad: Cómo afrontar y responder a los conflictos). Shondaland. https://www.shondaland.com/live/family/a40436785/art-of-friendship-how-to-handle-conflict/

Pal, P., Hauck, C., Goldstein, E., Bobinet, K., & Bradley, C. (27 de agosto de 2018). *5 Simple Mindfulness Practices for Daily Life* (5 sencillas prácticas de mindfulness para la vida diaria). Mindful. https://www.mindful.org/take-a-mindful-moment-5-simple-practices-for-daily-life/

Robert, R. (26 de mayo de 2023). *Time Management for Teenagers* (Gestión del tiempo para adolescentes). Time Hack Hero. https://timehackhero.com/time-management-for-teenagers/